Thomas Gräfe

„Was halten Sie von den Juden?"

Umfragen über Judentum und Antisemitismus 1885-1932

Deutsche Nationalbibliothek – CIP- Einheitsaufnahme

Gräfe, Thomas

„Was halten Sie von den Juden?" : Umfragen über Judentum und Antisemitismus 1885-1932 : Vortrag vor der Mendel-Grundmann-Gesellschaft 6.11.2018 / Thomas Gräfe.

2. durchges. Aufl.

ISBN: 9783748182160

@Thomas Gräfe

http://www.thomas-graefe-autorenseite.de

für Mendel-Grundmann-Gesellschaft (Vlotho)

Herstellung und Verlag: BoD - Books on Demand, Norderstedt, 2020

Cover: Titulatur der Umfragen von 1885, 1890, 1894 und 1912

ISBN: 9783748182160

Inhaltsverzeichnis

Tabellenverzeichnis

„Sie täuschen sich, wenn Sie glauben, dass man da mit Vernunft überhaupt etwas machen kann. (…) Was ich Ihnen sagen könnte, das sind doch immer nur Gründe, logische und sittliche Argumente. Darauf hört doch kein Antisemit."

Theodor Mommsen (1893)

„Es gab damals (um 1912) unter den einfachen Leuten, d.h. in der mittleren Bürgerschaft, der Arbeiterschaft und der Bauernschaft, keinen Antisemitismus. Der kam von oben, vom Studienrat aufwärts."

Wolfgang Meyer-Michael (undatiert, nach 1945)

„Die Bewegung, die man aktuell unter dem Namen des Nationalsozialismus zusammenfasst und die eine so gewaltige Werbekraft bewiesen hat, vermischt sich mit der Riesenwelle exzentrischer Barbarei und primitiv-massendemokratischer Jahrmarktsrohheit, die über die Welt geht. (…) Entlaufen scheint die Menschheit wie eine Bande losgelassener Schuljungen aus der humanistisch-idealistischen Schule des neunzehnten Jahrhunderts, gegen dessen Moralität (…) unsere Zeit einen weiten und wilden Rückschlag darstellt."

Thomas Mann (1930)

„Unter den Einsichten von Sigmund Freud (…) scheint mir eine der tiefsten die, dass die Zivilisation ihrerseits das Antizivilisatorische hervorbringt."

Theodor W. Adorno (1966)

Die Sprache der Tiere – oder von der Kunst, aneinander vorbei zu reden

Der Historiker und Literaturnobelpreisträger Theodor Mommsen warnte in einem Interview von 1893 vor einer Überschätzung der Vernunft bei der Auseinandersetzung mit Vorurteilen. Das war eine unbequeme Botschaft, die am neuhumanistischen Selbstverständnis rüttelte, Bildung könne einer überlegenen Ethik zum Durchbruch verhelfen. Auch heute stößt sie auf taube Ohren. Im Angesicht des aktuellen Wiederauflebens völkischen Gedankenguts[1], das durch die Alternative für Deutschland erstmals seit 1945 eine parteipolitische Massenbasis gefunden hat, wird in der Öffentlichkeit reflexartig nach Aufklärung und politischer Bildung gerufen. Deren Wirkung auf vorurteilsbehaftete Menschen ist allerdings extrem gering, da es ihnen nie um angemessene Sachaussagen geht, sondern ausschließlich um die Selbstaufwertung durch die Abwertung anderer. Dieser sozialpsychologische Mechanismus erlaubt es, Deprivationserfahrungen projektiv auszugleichen. Er lässt sich durch gesellschaftliche Ächtung eindämmen, nicht aber durch eine inhaltliche Auseinandersetzung. Jede widerlegende „Aufklärung" spielt den Vorurteilsbehafteten ungewollt in die Hände, da sie sich ihren Themensetzungen unterwirft und für Publizität sorgt.[2] Politik und Medien haben diese Kommunikationssituation, die die Völkischen automatisch zu Gewinnern macht, nicht ansatzweise durchschaut. Sie unterliegen nach

---

[1] Samuel Salzborn, Angriff der Antidemokraten. Die völkische Rebellion der neuen Rechten, Weinheim 2017.

[2] Klaus Ahlheim (Hg.), Die Gewalt des Vorurteils. Eine Textsammlung, Schwalbach 2007.

1

wie vor dem tragischen Missverständnis, Vorurteile würden auf einem Mangel an Kenntnis und unzulässigen Verallgemeinerungen beruhen. Da Vorurteilsbehaftete jedoch die Regeln eines aufgeklärten Diskurses wissentlich und willentlich missachten, folgt auf den Nachweis von Irrtümern nie eine Bekehrung, so dass die Diskussionsparteien notwendigerweise aneinander vorbeireden. Nicht erst seit dem Internetzeitalter beziehen vorurteilsbehaftete Menschen ihr Weltwissen aus abgeschotteten Resonanzkammern. Sie erfinden hermetisch geschlossene Weltanschauungen und wenden diese auf die Fakten an. Und wenn dies nicht erfolgreich ist, erfinden sie auch die Fakten selbst. Aufklärung und politische Bildung mögen in der Prävention Erfolge erzielen. Doch der Vorurteilsbehaftete hat sich bereits für den Hass entschieden. Die Diskussion mit ihm erinnert daher an den Versuch, „einem Tier das Sprechen beizubringen"[3], wie es der polnische Philosoph Leszek Kołakowski formulierte.

Zudem impliziert die Forderung nach Aufklärung und politischer Bildung die falsche Annahme, nur ungebildete Menschen seien für Vorurteile anfällig. Völkisches Gedankengut auf eine affektgesteuerte „Zornpolitik"[4] zurückzuführen, überschätzt die Rolle von Emotionen und scheut die kritische Auseinandersetzung mit brisanten sozial- und ideengeschichtlichen Fakten. Weltanschauungen, die Menschen gegeneinander aufhetzen, sind keine Hervorbringungen des Straßenpöbels, sondern Kopfgeburten der bildungsbürgerlichen

---

[3] Leszek Kołakowski, Die Antisemiten, in: Ders., Der Mensch ohne Alternative. Von der Möglichkeit und Unmöglichkeit Marxist zu sein, München 1967, S. 161.

[4] Uffa Jensen, Zornpolitik, Berlin 2017.

Studierstube. Gerade der Antisemitismus, dessen Ausbreitung häufig einseitig mit dem Sozialneid der „zu kurz gekommenen" erklärt wird[5], fand im 19. und frühen 20. Jahrhundert seine fanatischsten Anhänger nicht in den Unterschichten, sondern in den gebildeten Eliten.[6] Doch selbst dort etablierte er sich nicht im Konsens, sondern im Konflikt. Auch die zivilgesellschaftliche Gegenwehr formierte sich im Bildungsbürgertum. In den Debatten über die so genannte „Judenfrage" verlief die Frontlinie nicht zwischen Christen und Juden, sondern zwischen Befürwortern und Gegnern des Antisemitismus.[7] Noch komplexer wird das Bild, wenn man einen Blick auf die Lösungsvorschläge wirft, wie das Zusammenleben von Mehrheit und Minderheit zu organisieren sei. Denn sie deckten sich nicht zwangsläufig mit den beiden genannten Lagern.

Obwohl die Grenzen der Aufklärung schon damals mehr als deutlich zu Tage traten, waren die Gebildeten im Kaiserreich und in der Weimarer Republik immerhin noch in der Lage, kontroverse Standpunkte auf gemeinsamen medialen Plattformen auszutauschen. Dies darf man sich allerdings nicht als einen voraussetzungslosen und herrschaftsfreien Diskurs vorstellen. Vielmehr ging es um einen Wettbewerb um

---

[5] So u.a. Götz Aly, Warum die Deutschen? Warum die Juden? Gleichheit, Neid und Rassenhass 1800-1933, Frankfurt a.M. 2011.

[6] Der wichtigste Multiplikator war seit den 1880er Jahren die studentische Jugend. Vgl. Norbert Kampe, Studenten und „Judenfrage" im deutschen Kaiserreich. Die Entstehung einer akademischen Trägerschicht des Antisemitismus, Göttingen 1988.

[7] Ulrich Wyrwa, Gesellschaftliche Konfliktfelder und die Entstehung des modernen Antisemitismus. Das deutsche Kaiserreich und das liberale Italien im Vergleich, Berlin 2015.

Lesergunst und die Beeinflussung der öffentlichen Meinung in der einen oder anderen Richtung. Wer sich heute über gesellschaftspolitische Stimmungslagen informieren will, wirft einen Blick auf Meinungsumfragen. Wenig bekannt ist, dass Meinungsumfragen schon Ende des 19., Anfang des 20. Jahrhunderts durchgeführt wurden, wenn auch nicht im Sinne einer quantifizierenden Sozialforschung. Dazu fehlte es am methodischen Werkzeug und im 19. Jahrhundert wohl auch am Interesse, etwas über die Einstellungen bildungsferner Schichten zu erfahren. Daher ist die sozialgeschichtlich korrekte Einordnung der Umfragen wichtig. Sie erlauben Aussagen über das Bildungsbürgertum, spiegeln aber nicht die Mentalität der breiten Masse. Sie dürfte dem Thema „Judenfrage", abgesehen von zeitlich begrenzten Phasen antisemitischer Hochkonjunktur, eine viel geringere Bedeutung beigemessen haben als die Gebildeten.[8] Damit lagen die Ungebildeten viel näher an der Wirklichkeit. Um 1900 machten die Juden ein Prozent der Gesamtbevölkerung aus, und in 95 Prozent aller Orte des Reiches gab es keine jüdische Gemeinde.[9] Zudem waren die Juden keineswegs die einzige ethnische Minderheit auf deutschem Boden. In den preußischen Ostprovinzen lebten 3,5 Millionen Polen, deren Germanisierung kläglich

---

[8] Wer nach einem Antisemitismus „von unten" fragt, muss auf andere Quellen zurückgreifen. Vgl. Richard Evans (Hg.), Kneipengespräche im Kaiserreich. Stimmungsberichte der Hamburger politischen Polizei 1882-1914, Reinbek 1989, S. 302-321; Armin Owzar, „Reden ist Silber, Schweigen ist Gold". Konfliktmanagement im Alltag des wilhelminischen Obrigkeitsstaates, Konstanz 2006, S. 162-186; Werner Plücker, Propaganda und öffentliche Meinung im Dritten Reich. Erfolg und Misserfolg der nationalsozialistischen Meinungssteuerung, Saarbrücken 2007.

[9] Statistisches Jahrbuch für das Deutsche Reich 34 (1913), S. 11; Neumanns Ortslexikon, Leipzig (4.Aufl.) 1905.

scheiterte.[10] Dennoch diskutierte man nur selten über eine „Polenfrage". Die Intensität der Debatten um die „Judenfrage" lässt sich also nicht aus dem Verhalten der Juden erklären, sondern allein aus der politischen und weltanschaulichen Überfrachtung dieses Themas.

Als typische Umfrageform etablierte sich die serielle Intellektuellenbefragung, die politischen, journalistischen, aber auch schon wissenschaftlichen Zwecken diente. Dabei wurden schriftliche (selten auch mündliche) Antworten von ausgewählten Intellektuellen auf ihnen vorgelegte Fragen erbeten. Die Aussagen wurden dann in einem Sammelband gebündelt und veröffentlicht. Wenn man bedenkt, dass der aktuelle Trend der Forschung von quantifizierenden Fragebogenstudien zu qualifizierenden Korpusanalysen übergewechselt ist[11], wirkt die Methodik der Umfragen – gerade bezüglich der Eröffnung weitgehend freier Artikulationsmöglichkeiten – überraschend modern. Dennoch ist eine systematische Analyse dieser Quellen, die für die Themenbereiche Judentum und Antisemitismus in einer erstaunlichen Dichte vorliegen, bis heute nicht vorgenommen worden. Sie sind für Antisemitismusforschung und deutsch-jüdische Geschichte weitgehend Neuland geblieben.[12]

---

[10] Witold Molik, Die preußische Polenpolitik im 19. und zu Beginn des 20. Jahrhunderts, in: Hans Henning Hahn/ Peter Kunze (Hg.), Nationale Minderheiten und staatliche Minderheitenpolitik in Deutschland im 19. Jahrhundert, Berlin 1999, S. 29-39.

[11] So u.a. Monika Schwarz-Friesel/ Jehuda Reinharz, Die Sprache der Judenfeindschaft im 21. Jahrhundert, Berlin 2013.

[12] Ideengeschichtliche Studien zitieren oft nur einzelne Beiträge, ignorieren aber den Kontext der Umfrage. Vgl. Thomas Vordermayer, Bildungsbürgertum und

Methodisch orientiert sich die hier durchgeführte Auswertung der Umfragen an einer Sozialgeschichte der Ideen wie sie vor allem von angloamerikanischen Historikern praktiziert wird. Sie wendet sich zum einen gegen einen sozioökonomischen Reduktionismus, der Ideen entweder kein Eigengewicht in der Geschichte zubilligt oder sie als Ausdruck von Mentalitäten missversteht. Die Sozialgeschichte der Ideen grenzt sich aber auch scharf gegen die „neue Kulturgeschichte" ab, die den Zusammenhang zwischen Antisemitismus und Gesellschaftskrise negiert und durch die schwach fundierte Behauptung einer anlasslosen diskursiven Selbstradikalisierung ersetzt. Der tautologische Versuch, Antisemitismus aus antisemitischen Diskursen, Mentalitäten und Emotionen erklären zu wollen, überschätzt die Eigendynamik antisemitischer Propaganda und unterschätzt die Rahmenbedingungen ihrer Wirksamkeit. Außerdem neigt diese Forschungstradition zu einer einseitig auf sprachliche Oberflächenstrukturen fixierten Hermeneutik, die den anti-antisemitischen Gegendiskurs entwertet, sobald sich in ihm Judenstereotype ausmachen lassen. Damit werden unreflektiert Sprachregelungen politischer Korrektheit, die nach dem Holocaust entstanden, auf eine Zeit übertragen, in der sie keine Geltung hatten. In historischer Perspektive lässt sich Antisemitismus nicht allein am

---

völkische Ideologie, Berlin 2016; Stefan Vogt, Subalterne Positionierungen. Der deutsche Zionismus im Feld des Nationalismus in Deutschland 1890-1933, Göttingen 2016; Friedemann Spicker, Wer hat zu entscheiden, wohin ich gehöre? Die deutsch-jüdische Aphoristik, Göttingen 2017. Besonders unverständlich ist die Missachtung dieser Quellengattung in Hans-Joachim Hahn/ Olaf Kistenmacher (Hg.), Beschreibungsversuche der Judenfeindschaft. Zur Geschichte der Antisemitismusforschung vor 1944, Berlin 2015. Im Handbuch des Antisemitismus, hrsg. von Wolfgang Benz, Berlin 2008ff. ist nur die Umfrage von Hermann Bahr mit einem Artikel vertreten.

Sprachgebrauch (d.h. an Stereotypen) messen, sondern ist als ein Ideensystem zu verstehen, das durch bestimmte Diskursregeln (d.h. Anordnungen von Argumentationsmustern) hergestellt wird. Ziel muss es daher sein, die Entwicklung konkurrierender antisemitischer und anti-antisemitischer Ideensysteme unter Beachtung des historischen Kontexts, der Akteure, ihrer Interessenlagen und der medialen Verfasstheit der Debatten nachzuvollziehen. Dabei ist das radikalkonstruktivistische Dogma von der sprachlichen Verfasstheit aller Wirklichkeit als neoidealistische Wiedervereinigung von Idee und Wirklichkeit zurückzuweisen. Ideen treten in Diskursen nicht als sprachliches Konstrukt von Wirklichkeit in Erscheinung, sondern transzendieren die sozialgeschichtlich ermittelbaren „hard facts" durch das weltanschaulich Erwünschte. In den Umfragebeiträgen wurde niemals um Fakten gestritten, sondern ausschließlich um Meinungshegemonie und die Grenzen des Sagbaren gerungen. So wird zu zeigen sein, dass sich die Brisanz der „Judenfrage" gerade aus der Entkopplung von Ideen und empirischer Evidenz ergab.[13]

Im Folgenden soll zunächst auf die Relevanz der Umfragen zum einen für die Zeitgenossen, zum anderen als Quelle für die historische Forschung eingegangen werden. Anschließend werden die Akteure in den Blick genommen: Wer veranlasste die Befragungen, und wer wurde befragt? Dann werden acht Intellektuellenbefragungen, die zwischen

---

[13] Zur Methodik: Gräfe, Die Antisemitismusumfrage Hermann Bahrs, S. 38f; Samuel Salzborn, Kampf der Ideen. Die Geschichte politischer Theorien im Kontext, Baden-Baden (2.Aufl.) 2017, S. 11-42. Zur Antisemitismusforschung: Thomas Gräfe, Antisemitismus in Deutschland 1815-1918. Rezensionen – Forschungsüberblick – Bibliographie, Norderstedt (3.Aufl.) 2016, S. 100-118.

1885 und 1932 erschienen (fünf zur Zeit des Kaiserreichs, drei in der Weimarer Republik), in chronologischer Reihenfolge vorgestellt und in den historischen Kontext eingeordnet. Im abschließenden Fazit wird nach Kontinuität und Wandel bildungsbürgerlicher Einstellungsmuster in der „Judenfrage" Ausschau gehalten: 1. bezüglich der Haltung zum Antisemitismus, 2. über die erwünschte Ordnung des Zusammenlebens zwischen Mehrheit und Minderheit. Zu diesem Punkt sind vorab einige soziologische Begriffsdefinitionen nötig, um die Aussagen der Zeitgenossen einordnen zu können.

Soziologische Grundalgen: Assimilation und ethnischer Pluralismus

Wenn von der „Judenfrage" oder gar ihrer „Lösung" die Rede ist, muss man sich klar machen, dass im 19. und frühen 20. Jahrhundert diese Begriffe keineswegs durchgängig antisemitisch besetzt waren. Eine „Endlösung" im Sinne des nationalsozialistischen Völkermordes bewegte sich jenseits der Vorstellungswelt der meisten Zeitgenossen. Unter der Rubrik „Judenfrage" diskutierte man eher, wie das Zusammenleben von Mehrheit und Minderheit beschaffen sein sollte, was antisemitische und anti-antisemitische Meinungen gleichermaßen einschloss.[14]

Idealtypisch betrachtet lässt sich das Zusammenleben von Mehrheit und Minderheit auf zwei Weisen organisieren, die beide eine liberale und eine illiberale Variante haben. Obwohl man heute den Begriff vermeidet, ist die Assimilation in Europa nach wie vor das

---

[14] Alex Bein, Die Judenfrage. Biographie eines Weltproblems, Stuttgart 1980.

vorherrschende Konzept, d.h. die Minderheit gleicht sich der Mehrheit an. In der liberalen Variante handelt es sich um eine Akkulturation, in der die Minderheit kulturelle Gepflogenheiten der Mehrheit übernimmt, um sich in die Gesellschaft integrieren zu können. Die Existenz einer dominanten Leitkultur ist dafür Voraussetzung. Die Minderheit bleibt aber als eine klar abgegrenzte ethnische Gruppe bestehen, indem bestimmte Teilaspekte ihrer Existenz von der Assimilation unberührt bleiben, das gilt vor allem für Heiratsverhalten, Religion und Berufswahl. Dieses Konzept beschreibt die Situation der deutschen Juden im 19. Jahrhundert am besten. Sie glichen sich soziokulturell dem städtischen protestantischen Bürgertum an, blieben aber zugleich eine wahrnehmbare ethnische Minderheit. Dies ist vor allem an der geringen Zahl der Taufen und Mischehen sowie an der Konzentration im Handel und in den freien Berufen zu erkennen. Für die illiberale Variante der integrationalistischen Assimilation ist die Akkulturation allenfalls ein Übergangszustand. Ihr Ziel ist es, die Angleichung so weit zu treiben, dass die Minderheit vollständig in der Mehrheitsgesellschaft aufgeht. Anzeichen für eine das Judentum auflösende Assimilation lassen sich erst ab 1918 finden, in Form eines sprunghaften Anstiegs von Gemeindeaustritten und Mischehen. Außerdem relativierte das Anwachsen des neuen Mittelstandes die typisch jüdische Berufs- und Sozialstruktur.[15]

---

[15] Shulamit Volkov, Assimilation und jüdische Eigenart im Deutschen Kaiserreich, in: Geschichte und Gesellschaft 9 (1983), S. 331-348; Guy Miron, Emancipation and Assimilation in the German-Jewish Discourse of the 1930s, in: Leo Baeck Institute Yearbook 48 (2003), S. 165-189; Till van Rahden, Verrat, Schicksal oder Chance. Lesarten des Assimilationsbegriffs in der Historiographie zur Geschichte der deutschen Juden, in: Historische Anthropologie 13 (2005), 245-264.

Von völlig anderen Prämissen geht der ethnische Pluralismus aus. Bei diesem Konzept geht es nicht um Angleichung, sondern um das Gegenteil, die Bewahrung von Differenz. Die liberale Variante, die wir heute als Multikulturalismus bezeichnen, propagiert die friedliche und gleichberechtigte Koexistenz verschiedener ethnischer Gruppen auf dem Territorium eines Staatswesens. Die Vermischung, in kultureller oder biologischer Hinsicht, ist zwar möglich, wird aber nicht als Erfordernis des Zusammenlebens betrachtet. Dieses Konzept beschreibt die Stellung der Juden in Einwanderungsländern wie den USA und in multinationalen Großreichen wie der späten Habsburgermonarchie. Dennoch ist der Multikulturalismus durchaus für die deutsch-jüdische Sozialgeschichte relevant. Auch in Deutschland gab es den Rückzug in eine jüdische Parallelgesellschaft, abzulesen insbesondere an der Entstehung eines spezifisch jüdischen Vereinswesens. Teilweise wurde der Rückzug durch den Antisemitismus erzwungen, teilweise durch den Zionismus gefördert, teilweise war er ein Ergebnis der Urbanisierung. In manchen Großstädten wie Berlin, Breslau, Königsberg und Frankfurt a.M. waren die Juden im Bildungs- und Wirtschaftsbürgertum so stark vertreten, dass der Assimilationsdruck abnahm. Wie die Assimilation, so hat auch der ethnische Pluralismus eine illiberale Schattenseite, denn er lässt sich als Segregation konzipieren. Dann leben zwar verschiedene ethnische Gruppen in demselben Staatswesen, sie sind aber nicht gleichberechtigt. Ihre Vermischung ist nicht nur unerwünscht, sondern wird durch gesetzliche Regelungen verhindert bzw. durch eine Dissimilation rückgängig gemacht. Die rechtliche Gleichstellung hat dieses Konzept für die deutschen Juden keineswegs sofort bedeutungslos werden lassen. Faktische Diskriminierungen in Politik, Bürokratie, Bildungswesen und

Militär blieben im Kaiserreich bestehen. Nachdem auch sie beseitigt worden waren, ging die Diskriminierung „von unten" weiter, zum Beispiel durch Boykottaktionen oder die Einführung von „Arierparagraphen" in Vereinen. Obwohl die Judenemanzipation bis in die 1930er Jahre nicht ernsthaft zur Disposition stand, gehörte die Segregation schon vor 1933 zur Alltagserfahrung der Juden.[16]

Assimilation und ethnischer Pluralismus haben in ihrer Ignoranz gegenüber historischem Wandel eine gemeinsame Achillesferse. Da sich auch die Leitkultur mitsamt ihren Ansprüchen gegenüber der Minderheit wandelt, kann es keinen verlässlichen Konsens darüber geben, was zur Assimilation dazugehört und wann sie erfolgreich abgeschlossen ist. Faktisch entscheidet allein die Wahrnehmung der Mehrheitsgesellschaft, die selten einheitlich und vorurteilsfrei ausfällt. Jede entdeckte oder auch nur unterstellte Andersartigkeit kann das Recht auf Zugehörigkeit sofort wieder in Frage stellen. Die Assimilation der Juden geriet nicht nur von außen durch Antisemiten und Zionisten in Bedrängnis, sondern krankte auch an ihren eigenen Aporien. Während die Assimilation einen uneinlösbaren Wandel fordert, predigt der ethnische Pluralismus eine falsche Kontinuität. Er beansprucht, Kulturen und ethnische Gruppen als ihre Träger in ihrer Identität zu konservieren. Dabei wird allerdings weder die Kopplung von Kultur und Ethnizität hinterfragt, noch zur Kenntnis genommen, dass alle existierenden Kulturen und Ethnien, mit Ausnahme einiger isolierter Naturvölker, bereits selbst das Ergebnis von

---

[16] Till van Rahden, Juden und andere Breslauer. Die Beziehungen zwischen Juden, Protestanten und Katholiken in einer deutschen Großstadt 1860-1925, Göttingen 2000; Monika Richarz (Hg.), Bürger auf Widerruf. Lebenszeugnisse deutscher Juden 1780-1914, München 1989.

11

Mischungsvorgängen sind. Stattdessen werden fragwürdige Vorstellungen ethnischer Homogenität gegen hybride Identitäten und die Rechte des Einzelnen in Stellung gebracht. Diesen Vorwurf muss sich auch der Multikulturalismus gefallen lassen, da er mit seiner Legitimierung von Parallelgesellschaften gewollt oder ungewollt die Zugehörigkeit zur Gesamtgesellschaft aushöhlt.[17]

Die vorgeschlagene Begrifflichkeit soll eine Orientierungshilfe für die Einordnung der Umfragebeiträge bieten. Tatsächlich findet man die vier Konzepte des Zusammenlebens bei den Befragten in diversen Schattierungen wieder, allerdings nicht als analytische Kategorien wie in der Geschichtswissenschaft. Die Umfragen sind normative Quellen. Sie sind kein Spiegel tatsächlicher Verhältnisse, sondern werfen ein Schlaglicht auf die Ideenwelt des zeitgenössischen Bildungsbürgertums. Es ist gar festzustellen, dass die ideengeschichtlich zu ermittelnden Wünsche und die sozialgeschichtlich zu ermittelnde Wirklichkeit mit der Zeit immer weiter auseinanderklafften. Darüber hinaus wird zu eruieren sein, welche Konzepte des Zusammenlebens wann und von wem bevorzugt wurden und welche Auswirkungen die seit der Wilhelminischen Zeit erkennbare Trendwende zum ethnischen Pluralismus auf die Wahrnehmung von Judentum und Antisemitismus hatte.

---

[17] Zur Kritik beider Konzepte vgl. Christiane Harzig/ Nora Räthsel (Hg.), Widersprüche des Multikulturalismus, Hamburg 1995; Haim Hillel Ben-Sasson, Assimilation, in: Encyclopaedia Judaica, Bd. 2, hrsg. von Fred Skolnik, Detroit/ New York (2.Aufl.) 2007, S. 605-613; Ruud Koopmans, Assimilation oder Multikulturalismus? Bedingungen gelungener Integration, München 2017.

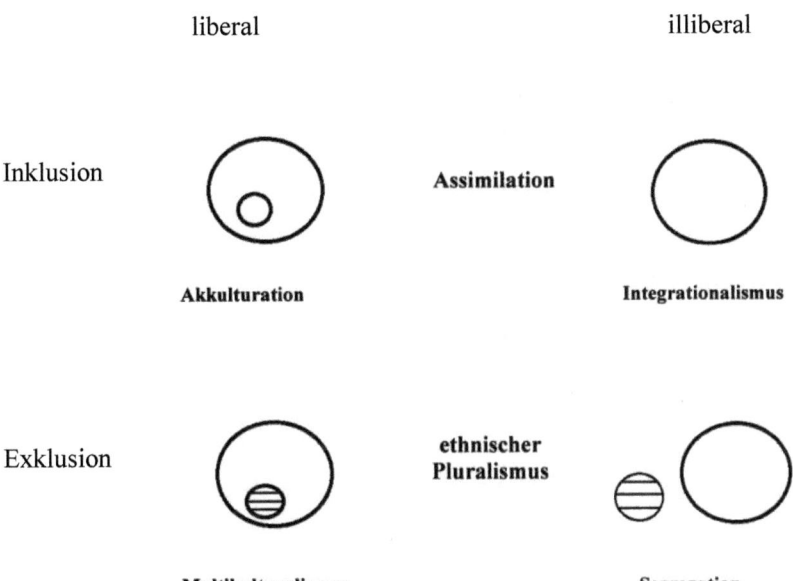

liberal   illiberal

Inklusion   **Assimilation**

Akkulturation   **Integrationalismus**

Exklusion   **ethnischer Pluralismus**

Multikulturalismus   **Segregation**

Die Intellektuellenbefragungen als Quellengattung

Im März 1887 beschwerte sich der Philosoph Friedrich Nietzsche in einem Brief an den antisemitischen Verleger Theodor Fritsch, der ihn für die Mitarbeit an einer Zeitschrift gewinnen wollte, über das „abscheuliche Mitredenwollen noioser Dilettanten über den Wert von Menschen und Rassen". Dabei hatte Nietzsche in seinen Werken selbst nicht mit dilettantischen Aussagen über Juden und Judentum gespart.[18] Die „Judenfrage" war offenbar ein Themenfeld, in dem Intellektuelle glaubten, unabhängig von fachlicher Qualifikation, mitreden zu müssen.

Die Attraktivität dieser Debatte ergab sich unter anderem aus ihrer langen Tradition, die schon im späten 18. Jahrhundert begann. Dieser Ursprung wurde von den Zeitgenossen noch 100 Jahre später stillschweigend mitgedacht. Vor allem für den politischen Liberalismus enthielt die Schrift des aus Lemgo stammenden preußischen Diplomaten Christian Wilhelm Dohm „Über die bürgerliche Verbesserung der Juden" (1781) das Credo der „Judenfrage", zu dem man sich bekennen musste, wenn man als gebildeter, aufgeklärter und liberaler Bürger gelten wollte. Dohms Ziel war es, ganz im Sinne der Aufklärung, die Juden zu nützlichen Staatsbürgern zu erziehen. Dazu hielt er die Taufe nicht mehr für erforderlich, wohl aber die Anpassung von Sitten und Gebräuchen und vor allem die Umlenkung der jüdischen Berufsstruktur von Handel und Geldwirtschaft auf Handwerk, Landwirtschaft und Industrie. Das Tauschgeschäft lautete folglich: rechtliche Gleichstellung gegen

---

[18] Christian Niemeyer, Nietzsches rhetorischer Antisemitismus, in: Nietzsche-Studien 26 (1997), S. 139-162, hier S. 153.

weitgehende Aufgabe der ethnischen Gruppenidentität.[19] Obwohl nicht zuletzt die Unzufriedenheit mit dem Stand der Assimilation die „Judenfrage" am Leben erhielt, blieb das Konzept der Assimilation im 19. Jahrhundert weitgehend unangefochten. Seine Vertretung galt als Ausweis bildungsbürgerlicher Überparteilichkeit und Sachkunde.

Drüber hinaus gab es jedoch keinen Konsens. Dohm hatte sich mit der Prognose getäuscht, dass Emanzipation und Assimilation zum Abbau der Judenfeindlichkeit führen würden. Da beide Prozesse nicht gleichzeitig vonstattengingen, war es in der ersten Hälfte des 19. Jahrhunderts immer wieder möglich, durch das Hochschrauben von Assimilationsforderungen die Emanzipation hinauszuzögern. Die „Judenfrage" wurde aber auch nach der 1871 abgeschlossenen rechtlichen Gleichstellung als ungelöst betrachtet und blieb ein mediales Dauerthema. Es entstand eine rivalisierende Koexistenz von Antisemitismus und Anti-Antisemitismus, die als „kulturelle Codes" gegensätzliche politische Lager markierten. Während sich der Antisemitismus als Erkennungszeichen einer kulturpessimistischen Modernitätskritik auf der rechten Seite des politischen Spektrums profilierte, diente die Ablehnung judenfeindlicher Vorurteile der Bekräftigung christlicher, humanistischer, liberaler oder sozialistischer Werthaltungen und ist folglich nicht mit dem

---

[19] Anne Purschwitz, Von der „bürgerlichen Verbesserung" zur „Judenfrage". Die Formierung eines Begriffs zwischen 1781 und 1843, in: Manfred Hettling (Hg.), Die „Judenfrage" – ein europäisches Phänomen? Berlin 2013, S. 23-53.

15

Philosemitismus zu verwechseln, der den Antisemitismus aus Sympathie für die Juden zurückweist.[20]

Die Breitenwirkung des Antisemitismus ist zumindest für die Zeit vor 1918 umstritten. Peter Schumann diagnostiziert für diesen Zeitraum ein vergleichsweise konfliktfreies Zusammenleben von Juden und Christen. Christoph Nonn behauptet, der gesellschaftliche Antisemitismus sei nach dem Motto „wer suchet, der findet" auf der Basis unrepräsentativer Einzelquellen überschätzt worden. Lisa Zwicker zufolge gilt dies selbst für die tief verwurzelte Judenfeindlichkeit im studentischen Milieu.[21] Die Harmoniethese stützt sich zumeist auf jüdische Memoiren, die nach 1945 entstanden und das Kaiserreich vor der Kontrastfolie des radikalen Antisemitismus in der Weimarer Republik und im Dritten Reich idyllisieren, ganz so wie in der eingangs angeführten Aussage des Bielefelder Bildhauers Wolfgang Meyer-Michael. Andere Historiker gehen von einer kulturellen Hegemonie des Antisemitismus aus, wobei sie anti-antisemitische Quellen ignorieren oder zu antisemitischen Quellen uminterpretieren. Clemens Felden leitet allein aus der schieren Fülle antisemitischer Publizistik ab, dass es sich

---

[20] Shulamit Volkov, Antisemitism as a Cultural Code. Reflections on the History and Historiography of Antisemitism in Imperial Germany, in: Leo Baeck Institute Yearbook 23 (1978), S. 25-46; Irene A. Diekmann/ Elke-Vera Kotowski (Hg.), Geliebter Feind – gehasster Freund. Antisemitismus und Philosemitismus in Geschichte und Gegenwart, Berlin 2009; Anne Purschwitz, Jude oder preußischer Bürger? Die Emanzipationsdebatte 1780-1847, Göttingen 2018, S. 393-417.

[21] Peter Schumann, Jüdische Deutsche im Kaiserreich und in der Weimarer Republik, in: Geschichte in Wissenschaft und Unterricht 43 (1992), S. 32-40; Christoph Nonn, Antisemitismus, Darmstadt 2008, S. 57; Lisa Zwicker, Dueling Students. Conflicts, Masculinity, and Politics in German Universities 1890-1914, Ann Arbor 2011, S. 103-140.

beim Antisemitismus um eine „soziale Norm" handelte. Reinhard Rürup hat zwischen einer emanzipatorisch gestellten „Judenfrage" vor der Reichsgründung und einer antisemitisch gestellten „Judenfrage" nach der Reichsgründung unterschieden. Diese Gegenüberstellung erweist sich als wenig überzeugend, wenn man einen Blick auf den Umfang der frühantisemitischen Publizistik und die sich seit den 1890er Jahren formierende zivilgesellschaftliche Gegenwehr wirft. Ebenso fragwürdig sind gewagte mentalitätsgeschichtliche Thesen über eine vermeintlich milieuübergreifende antisemitische Gesellschaftsstimmung. So stützen sich Michael Jeismann und Götz Aly allein auf die banale Tatsache, dass einzelne Vorurteilskomplexe, wie der Vorwurf mangelnder nationaler Loyalität und sozioökonomische Judenstereotype, auch über die Kreise eingefleischter Antisemiten hinaus weit verbreitet waren und schließen daraus auf eine gesamtgesellschaftliche judenfeindliche Mentalität. Thorbjörn Ferber geht von der teleologischen Annahme aus, dass der moderne Antisemitismus „automatisch an eine Austreibungs- und Vernichtungsvorstellung" gebunden sei, weshalb Emanzipation und Assimilation hätten scheitern müssen. Lars Fischer behauptet gar, die sozialistischen Gegner des Antisemitismus seien in Wirklichkeit selbst Antisemiten gewesen, weil sie die Existenz einer „Judenfrage" nicht bestritten.[22]

---

[22] Clemens Felden, Die Übernahme des antisemitischen Stereotyps als soziale Norm durch die bürgerliche Gesellschaft Deutschlands 1871-1900, Heidelberg 1963; Reinhard Rürup, Emanzipation und Antisemitismus. Studien zur „Judenfrage" der bürgerlichen Gesellschaft, Frankfurt a.M. 1987; Michael Jeismann, Der letzte Feind. Die Nation, die Juden und der negative Universalismus, in: Peter Alter/ Claus-Ekkehard Bärsch/ Peter Berghoff (Hg.), Die Konstruktion der Nation gegen die Juden, München 1999, S. 173-190; Aly, Warum die Deutschen, S. 277-301; Thorbjörn Ferber, Nationaler Antisemitismus

Hauptgrund für diese widersprüchlichen Befunde ist eine ungleichgewichtige Quellenauswahl, die nicht das gesamte Meinungsspektrum abdeckt. Wo doch Ambivalenzen im zeitgenössischen Diskurs aufscheinen, werden sie von manchen Autoren durch eine fragwürdige Hermeneutik zum Verschwinden gebracht. Nur durch einen direkten Vergleich antisemitischer und anti-antisemitischer Debattenbeiträge kann man verfolgen, wie sich hegemoniale Meinungen herausbildeten und wie sich im Laufe der Zeit die Grenzen des Sagbaren verschoben. Hierfür bieten sich die zwischen 1885 und 1932 von deutschen und österreichischen Journalisten veranlassten Intellektuellenbefragungen an. In diesem Zeitraum wurden acht umfangreiche Befragungen von berühmten Persönlichkeiten aus Politik, Wissenschaft, Kirche, Kunst und Kultur zur „Judenfrage" durchgeführt. Zu diesem Zweck wurden von ausgewählten Intellektuellen schriftliche Stellungnahmen erbeten bzw. Interviews mit ihnen geführt. Die Beiträge wurden zuerst sukzessive in Tageszeitungen veröffentlicht. Später erschienen sie gebündelt als Sammelband. Bei einigen Projekten stand die politische Absicht im Vordergrund, mit der Sammlung von Zitaten berühmter Zeitgenossen die Berechtigung des Antisemitismus zu beweisen oder zu widerlegen. Isidor Singer und Bruno Wille versuchten mit einer entsprechend vorsortierten Teilnehmerschaft, den Eindruck eines anti-antisemitischen Konsenses zu erwecken, während Carl Klopfer und Ernst Johannsen in ihren Umfragen die Antisemiten begünstigten. Die Umfragen von Hermann Bahr, Julius Moses und Werner Sombart distanzierten sich hingegen vom Genre der politischen Kampfschrift und

---

im literarischen Realismus, Berlin 2014, S. 105; Lars Fischer, The Socialist Response to Antisemitism in Imperial Germany, Cambridge 2007.

verfolgten ein primär journalistisches oder wissenschaftliches Interesse. Sie hielten das Teilnehmerfeld bewusst weltanschaulich heterogen, indem Christen und Juden, Antisemiten und Anti-Antisemiten, Konservative, Liberale und Sozialisten befragt wurden. Die Veröffentlichungen sollten zur Strukturierung des Diskurses beitragen und ein annähernd repräsentatives Meinungsbild entwerfen. Obwohl die Qualität der Beiträge von Ein-Satz-Antworten bis hin zu profunden wissenschaftlichen Abhandlungen reicht, lassen sich aus den Umfragen klare Trends bezüglich der Haltung zu Judentum und Antisemitismus entnehmen. Erklärbar werden sie allerdings erst vor dem jeweiligen ereignisgeschichtlichen Horizont sowie aus der Zusammensetzung des Teilnehmerfeldes.[23]

Intellektuelle im Meinungsstreit über Judentum und Antisemitismus

Intellektuellenkontroversen über die „Judenfrage" waren kein spezifisch deutsches, sondern ein gesamteuropäisches Phänomen. In Frankreich lieferten der Panama-Skandal und die Dreyfus-Affäre Anfang der 1890er Jahre die Anlässe für ähnliche Debatten, in Italien der Coppola-Streit 1911-12 und in Großbritannien der Marconi-Skandal 1912-13. Umfragen über Judentum und Antisemitismus gab es nicht nur im „zivilisierten Westen", sondern auch im „wilden Osten" Europas, wo die

---

[23] Zu dieser Quellengattung vgl. Thomas Gräfe, Der Hegemonieverlust des Liberalismus. Die „Judenfrage" im Spiegel der Intellektuellenbefragungen 1885-1912, in: Jahrbuch für Antisemitismusforschung 25 (2016), S. 73-100; Ders., Die Antisemitismusumfrage Hermann Bahrs unter europäischen Intellektuellen 1893/94, in: Jahrbuch für Kommunikationsgeschichte 19 (2017), S. 35-76.

Bevölkerungen überwiegend aus Analphabeten bestanden und die Juden schwersten Verfolgungen ausgesetzt waren. 1900 wurde im Rahmen einer international besetzten Umfrage in Rumänien über die rechtliche Gleichstellung der Juden diskutiert und 1915, veranlasst durch Maxim Gorki, in Russland.[24] Die europäische Dimension der „Judenfrage" spiegelt sich in den Umfragen von Singer und Bahr, die europaweit Stellungnahmen einholten, während sich die Umfragen von Klopfer, Moses, Sombart, Wille und Johannsen vorwiegend auf den deutschen Sprachraum beschränkten, also immerhin Österreich einbezogen.

Die Teilnehmer aller Umfragen rekrutierten sich ausnahmslos aus dem Bildungsbürgertum, das in Deutschland 0,8 bis zwei Prozent der Gesamtbevölkerung ausmachte. Dieser elitäre Zirkel engte sich nochmals ein, da ausschließlich Intellektuelle um Stellungnahmen gebeten wurden, d.h. Personen, die zuvor bereits durch eine Parteinahme in aktuellen Debatten aufgefallen waren.[25] Die Umfrageveranstalter wählten bevorzugt Personen aus, die bereits zuvor über Judentum und Antisemitismus publiziert hatten. Entstehung und Ausbreitung des

---

[24] Yuri Slezkine, Das jüdische Jahrhundert, Göttingen 2006, S. 166; Iulia Onac, „In der rumänischen Antisemiten-Citadelle". Zur Entstehung des politischen Antisemitismus in Rumänien 1878-1914, Berlin 2017, S. 166-170.

[25] Hans-Ulrich Wehler, Deutsche Gesellschaftsgeschichte, München 1995/ 2003, Bd.3, S. 730-750, Bd.4, S. 294-299; Gangolf Hübinger, Die politischen Rollen europäischer Intellektueller, in: Ders./ Thomas Hersfelder (Hg.), Kritik und Mandat. Intellektuelle in der deutschen Politik, Stuttgart 2000, S. 30-44; Christophe Charle, Vordenker der Moderne. Die Intellektuellen im 19. Jahrhundert, Frankfurt a.M. (2.Aufl.) 2001; Gangolf Hübinger, Gelehrte, Politik und Öffentlichkeit. Eine Intellektuellengeschichte, Göttingen 2006; Ingrid Gilcher-Holtey, Eingreifendes Denken. Die Wirkungschancen von Intellektuellen, Weilerswist 2007.

modernen Antisemitismus gaben immer wieder Anlass zu Kontroversen Intellektueller und sorgten für eine anhaltende Flutwelle an Flugschriften, Büchern, Zeitungs- und Zeitschriftenartikeln. Der Berliner Antisemitismusstreit löste 1879 erstmals eine Grundsatzdebatte über die Berechtigung des Antisemitismus und die Rolle der Juden in der deutschen Gesellschaft aus. Mit ihren vielzitierten Beiträgen markierten die Historiker Heinrich von Treitschke und Theodor Mommsen die Spaltung des Bildungsbürgertums in einen konservativen und einen liberalen Teil. Obwohl Treitschke in der öffentlichen Wahrnehmung als Verlierer der Kontroverse galt, war es ihm gelungen, dem Antisemitismus den „Kappzaum der Scham"[26] zu nehmen und ihn im bildungsbürgerlichen Feld fest zu etablieren. Als die von Treitschke ausgelöste Welle der Judenfeindlichkeit zu verbalen wie gewalttätigen Exzessen führte, gewannen die liberalen Gegner des Antisemitismus die Oberhand. Doch auch sie zeigten wenig Verständnis für die ethnische Gruppenidentität des Judentums, das durch vollständige Assimilation in der Mehrheitsgesellschaft aufgehen solle. Auf diese Zielvorstellung konnten sich Treitschke und Mommsen durchaus verständigen.[27]

Um am Intellektuellendiskurs teilnehmen zu dürfen, war die Verfügbarkeit über kulturelles Kapital entscheidend. Die Faktoren Ethnizität, Geschlecht, Parteizugehörigkeit und wirtschaftliche Stellung spielten eine tendenziell abnehmende, jedoch nicht unbedeutende Rolle.

---

[26] Theodor Mommsen, Auch ein Wort über unser Judenthum, in: Karsten Krieger (Hg.), Der Berliner Antisemitismusstreit 1879-1881. Kommentierte Quellenedition, München 2003, S. 791.

[27] Zuletzt ausführlich Uffa Jensen, Gebildete Doppelgänger. Bürgerliche Juden und Protestanten im 19. Jahrhundert, Göttingen 2005.

Juden konnten in Deutschland das nötige kulturelle Kapital erwerben, um selbst als Intellektuelle in Erscheinung zu treten. Sie mussten allerdings damit rechnen, dass ihre Beiträge keine nennenswerte Breitenwirkung erzielten, die über die jüdische Binnenöffentlichkeit hinausging. Von drei der acht Umfragen blieben die Juden komplett ausgeschlossen. In den Umfragen von 1907, 1912 und 1932 kamen jüdische Intellektuelle dagegen ausgiebig zu Wort, und mit Singer, Moses und Landsberger traten sogar drei Juden als Veranstalter in Erscheinung. Die durchschnittliche Beteiligung jüdischer Intellektueller lag mit 10 Prozent deutlich über dem Bevölkerungsanteil von einem Prozent, allerdings nicht über dem Anteil der Juden am großstädtischen Bildungsbürgertum. Frauen wurden, aufgrund ihres eingeschränkten Zugangs zu akademischer Bildung und zur öffentlichen Sphäre, grundsätzlich nicht als Intellektuelle wahrgenommen. Die Teilnahme einer Schriftstellerin an Singers Umfrage wurde noch als Kuriosum betrachtet. Als jedoch die Protagonistinnen der Frauenbewegung zunehmende Aufmerksamkeit erregten, wurden auch sie ab 1893 in die Intellektuellenbefragungen einbezogen. Mit ca. 10 Prozent weisen die Umfragen von Bahr, Moses und Wille den höchsten Frauenanteil auf, während die Befragungen von 1912 und 1932 ausschließlich von Männern bestückt wurden. Auch politische Berührungsängste gab es nach dem Auslaufen des Sozialistengesetzes nicht mehr. Konservative und liberale Intellektuelle blieben nur deshalb in der Mehrheit, weil viele Sozialisten, wie beispielsweise Friedrich Engels[28], ihre Teilnahme absagten. Dies gilt für die Umfragen ab 1920 allerdings nicht mehr. Eine ähnliche zeitliche Verzögerung erkennt man

---

[28] Karl Marx/ Friedrich Engels, Werke, Bd.39: Briefe Januar 1893 bis Juli 1895, Berlin 1973, S. 79.

bei den Kommunisten, die 1920 noch nicht eingeladen wurden, wohl aber in den Umfragen von 1932.

Gesicherte wirtschaftliche Verhältnisse gehörten Ende des 19. Jahrhunderts nicht mehr zwingend zum Intellektuellendasein. Dies ist auf das Anwachsen eines Prekariats mit hoher Bildung aber ungesichertem Einkommen zurückzuführen.[29] Die meisten Umfrageteilnehmer waren Freiberufler (Schriftsteller, Journalisten, Ärzte, Juristen), politische Mandatsträger oder in verbeamteten Forschungs- und Lehrberufen tätig. Mit Ausnahme der Umfragen von 1932 waren auch Geistliche stark vertreten. Deutlich ansteigend war die Beteiligung von Berufspolitikern, d.h. Partei-, Vereins- und Verbandsfunktionären. Dass es um Prestige und nicht um Einkommen ging, zeigt die scharfe Abgrenzung zum Wirtschaftsbürgertum. Es wurde nicht eine einzige Person mit einem wirtschaftsbürgerlichen Beruf befragt, auch nicht in der Umfrage von 1912, wo es sich thematisch angeboten hätte. Hier wird das Standesbewusstsein des Bildungsbürgertums überdeutlich, das eben nicht mit dem gebildeten Bürgertum identisch war.

Jenseits dessen war die Integrationsleistung der Umfragen aber beachtlich, zumal sich das deutsche Bildungsbürgertum häufig gerade in Abgrenzung zu Juden, Frauen, Sozialisten und Prekariern definierte. Kaum ausgeglichen wurde hingegen das Stadt-Land-Gefälle. Fast alle teilnehmenden Intellektuellen lebten und arbeiteten in Groß- und Universitätsstädten. Nur die Umfragen von 1907 und 1920 bemühten sich, den ländlichen Raum abzudecken, indem sie auch Personen

---

[29] Charle, Vordenker der Moderne, S. 103-215.

befragten, die eher regional als national bekannt waren. Der Dichter Börries von Münchhausen aus dem Schaumburgischen und Adolf Neumann-Hofer als Herausgeber der *Lippischen Landeszeitung* sind für die hiesige Region zu nennen.

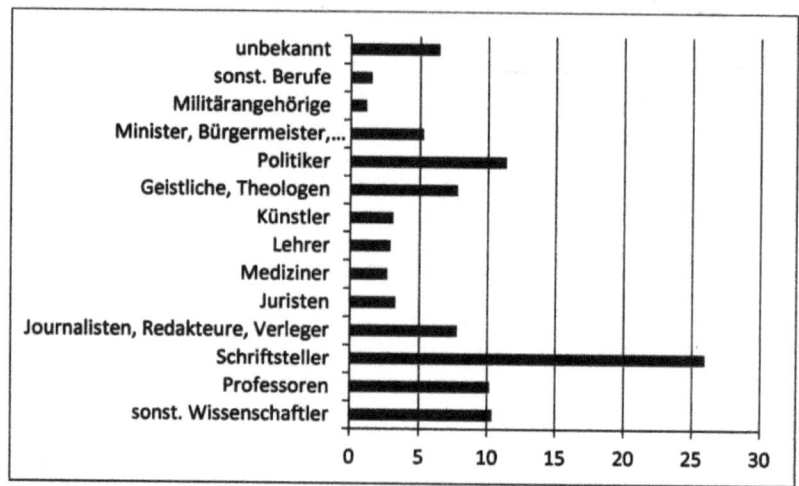

Berufsstruktur der Umfrageteilnehmer (%)

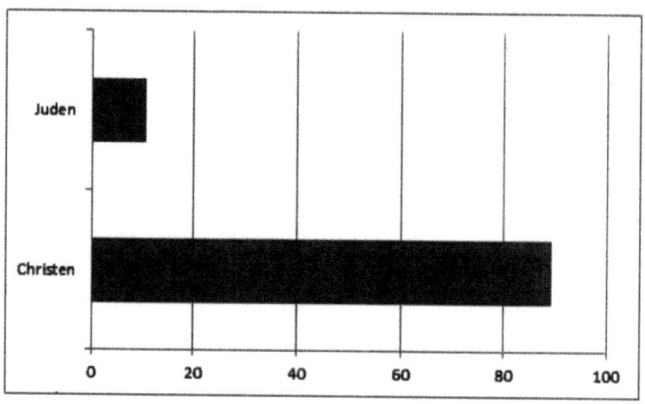

Religionsangehörigkeit der Umfrageteilnehmer (%)

Die Intellektuellenbefragungen Isidor Singers (1885) und Carl Klopfers (1891)

In Mitteleuropa gelang es dem Antisemitismus, sich Anfang der 1880er Jahre als politische und soziale Bewegung zu etablieren. In Deutschland erregten die neuen antisemitischen Parteien und Vereine unter anderem durch den Berliner Holprediger Adolf Stoecker eine breite mediale Aufmerksamkeit, ohne allerdings nennenswerten politischen Einfluss zu gewinnen. Dramatischer gestaltete sich die Situation in Österreich-Ungarn. Durch das Linzer Programm von 1882 entstand ein parteipolitisches Drei-Lager-System aus Christlichsozialen, Deutschnationalen und Sozialdemokraten, während der politische Liberalismus vollständig erodierte. Christlichsoziale und Deutschnationale beherrschten mit ihren charismatischen Führern Karl Lueger und Georg von Schönerer bis zur Reichsratswahl von 1911 die politische Szenerie Deutschösterreichs und verbreiteten einen radikalen Antisemitismus. Auch in den slawischen Landesteilen koppelte sich die Judenfeindlichkeit gleichermaßen an den politischen Katholizismus und an die nach Autonomie strebenden Nationalbewegungen.[30]

Der Wiener Journalist Isidor Singer (1857-1921) stellte seine im Frühjahr 1884 begonnene Intellektuellenbefragung explizit in den Kontext der Abwehr des Antisemitismus. Hinter den judenfeindlichen

---

[30] Peter Pulzer, Die Entstehung des politischen Antisemitismus in Deutschland und Österreich 1867-1914. Mit einem Forschungsbericht des Autors, Göttingen 2004; Werner Bergmann/ Ulrich Wyrwa, Antisemitismus in Zentraleuropa. Deutschland, Österreich und die Schweiz vom 18. Jahrhundert bis zur Gegenwart, Darmstadt 2011; Michal Frankl, „Prag ist nunmehr antisemitisch". Tschechischer Antisemitismus am Ende des 19. Jahrhunderts, Berlin 2011.

Agitatoren vermutete er Klerus, Adel und bürgerliche Reaktion, die versuchten, den „Straßenpöbel" gegen den Liberalismus zu vereinnahmen. Besonders scharf polemisierte er gegen den ultramontanen Katholizismus in Österreich und den konservativen Protestantismus in Deutschland, in denen er durchaus treffend die damaligen Hauptträgerschichten des Antisemitismus beider Länder ausmachte.[31] Intelligente Kreise der Bevölkerung hoffte Singer, mit Aufklärungsarbeit immunisieren zu können. Da die Juden in dieser Angelegenheit als parteiisch eingestuft würden, sollten ausschließlich christliche Gelehrte ihr Gewicht gegen den Antisemitismus in die Waagschale werfen. Das Vorbild lieferte Mommsens Notabelnerklärung vom November 1880. Dass die „Judenfrage" durch Assimilation zu lösen sei, war für Singer eine Selbstverständlichkeit. Die „Wiederherstellung eines national-jüdischen Reiches" bezeichnete er als „frommen Wahnsinn". Nach der Emanzipation hätten die Juden die einmalige Chance, ihre 2.000-jährige Ghettoexistenz hinter sich zu lassen und am Kulturfortschritt der Menschheit teilzuhaben. Es gehe nicht darum, anderen zu gefallen, sondern sich selbst zu verbessern. So würden sich die Juden in Österreich-Ungarn auch dort an der überlegenen deutschen Kultur orientieren, wo sie unter den slawischen Völkern lebten, die selbst noch „Schüler der europäischen Culturgemeinschaft" seien.[32]

---

[31] Olaf Blaschke, Katholizismus und Antisemitismus im deutschen Kaiserreich, Göttingen 1997; Wolfgang E. Heinrichs, Das Judenbild im Protestantismus des deutschen Kaiserreichs. Ein Beitrag zur Mentalitätsgeschichte des deutschen Bürgertums in der Krise der Moderne, Köln 2000.

[32] Isidor Singer, Briefe berühmter christlicher Zeitgenossen über die Judenfrage, Wien 1885, S. I-XLV, hier S. XXXIIf.

Singer und seine Umfrageteilnehmer gehörten einer Generation an, die politisch von der Revolution 1848/49 geprägt war. Die „Judenfrage" war für sie Teil der Auseinandersetzung zwischen Liberalismus und Konservatismus, Fortschritt und Reaktion, vernünftiger Religiosität und Dogmenfrömmigkeit. Sie neigten dazu, Aufklärung und Bildung in ihren Wirkungsmöglichkeiten zu überschätzen, während sie mit den Strukturen des politischen Massenmarktes fremdelten. Der Antisemitismus war ihnen allein schon deshalb suspekt, weil er auf die Instinkte der ungebildeten Massen setze. Er wurde von den Intellektuellen einhellig als „Verrohung" und „Verdummung" verurteilt[33], doch nicht in der von Singer erhofften Deutlichkeit. Viele Intellektuelle schoben den Juden eine Mitschuld an der Entstehung des Antisemitismus zu. Ihre negativen „Volkseigenthümlichkeiten" seien noch nicht überwunden. Der Schriftsteller Dagobert von Gerhard sprach von „Taktlosigkeit und Anmaßung", der Philosoph Eduard von Hartmann kritisierte die „nationale Stammessolidarität" der Juden und der Pfarrer Julius Karl Reinhold Sturm hielt sie für aufdringliche Wucherer.[34]

Alle Befragten sprachen sich für die Assimilation aus. Diese verstanden sie im Unterschied zu Singer aber nicht als angleichende Akkulturation, deren Ausmaß und Ziel die Juden selbst bestimmen könnten. Der Schweizer Kunsthistoriker Johannes Scherr betonte, dass man nicht „Nationaldeutscher" werden und doch „Nationaljude" bleiben könne. Der tschechische Journalist Erwein Spindler kritisierte, dass die

---

[33] Ebd., S. 61f.

[34] Ebd., S. 21, 26, 32.

Juden in Böhmen mit den Deutschen paktierten, obwohl sie unter Tschechen lebten.[35] Die Zielvorstellung war das Aufgehen des Judentums in der Mehrheitsgesellschaft, im Christentum, in einer konfessionslosen Vernunftreligion der Zukunft oder im allgemeinen Menschentum. Vorherrschend war also die integrationalistische Variante. Während die Intellektuellen dem Historiker Ferdinand Gregorovius folgend das biblische und antike Judentum in höchsten Tönen priesen, erachteten sie das Judentum der Gegenwart als überflüssiges Fossil. Die protestantischen Geistlichen nutzten die Umfrage, um für die Judenmission zu werben.[36] Die religionskritischen oder religiös indifferenten Intellektuellen mochten die Taufe hingegen nicht empfehlen. Für den katholischen Reformtheologen Jacob Frohschammer bedeutete der Eintritt der Juden ins Christentum den sinnlosen Wechsel von einer Orthodoxie in eine andere. Der Schriftsteller Robert Springer setzte auf den Siegeszug der liberalen Theologie, die Judentum und Christentum ohnehin angleichen werde. Der Mediziner Emil du Bois-Reymond gab zu bedenken, dass es den Antisemiten um die Rasse gehe, weshalb die Konversion den Juden nichts nütze.[37] Daher erschien den Befragten die Konfessionalisierung des Judentums als akzeptables Zugeständnis.

Singers Intellektuellenbefragung wurde in der Öffentlichkeit allgemein als „judenfreundlich" wahrgenommen und setzte die

---

[35] Ebd., S. 7-10, 43-48.

[36] Ebd., S. 68-75, 29-34.

[37] Ebd., S. 39-42, 3f; 49-53.

Antisemiten unter Zugzwang. Carl Klopfer (1865-1937) führte für den Münchener Lehmann-Verlag eine tendenziell judenfeindliche Gegenumfrage durch. Die Antisemiten nutzten zwar die Gelegenheit, die Judenemanzipation als schädlich zu geißeln. Jedoch wusste kaum jemand, eine Alternative zur allmählichen Angleichung der Juden an die Mehrheitsgesellschaft zu benennen. Der Historiker Otto Henne betonte, dass es nicht angehe, die Juden „aus der Gemeinschaft des Volkes, zu dem sie staatsrechtlich und sprachlich gehören, hinauswerfen zu wollen". Sein Berufskollege Gustav Glogau ermahnte die Antisemiten, konkrete Reformvorschläge vorzulegen, anstatt sich „in unmöglichen Vorstellungen zu berauschen". Mit Ausnahme eines Grenzschlusses für Ostjuden, fielen den von Klopfer befragten Antisemiten aber kaum realisierbare Diskriminierungspläne ein. Manche konzentrierten sich bei der Bekämpfung des „Jüdischen" gar auf die Mehrheitsgesellschaft. So wollten der Kunsthistoriker Wilhelm Bode „jüdische" Charakterschwächen der Deutschen und der Komponist Gustav Kastropp die jüdischen Wurzeln des Christentums ausmerzen. Den „echten" Juden empfahlen die meisten Beiträger die Assimilation. Der Innsbrucker Philosophieprofessor Karl Ueberhorst erkannte die „Judenfrage" in der Zugehörigkeit von zwei verschiedenen Rassen zu demselben Vaterland. Die Lösung liege in der Verschmelzung der Rassen, weshalb Mischehen eine patriotische Pflicht seien.[38] In einer Nachlese kam der österreichische Schriftsteller Peter Rosegger zu dem Schluss, dass sich 47 der 90

---

[38] Carl Klopfer, Zur Judenfrage. Zeitgenössische Originalaussprüche, München 1891, S. 10f, 12, 14.

Befragten gegen den Antisemitismus ausgesprochen hätten.[39] Die Antisemiten führten das unerwartete Ergebnis darauf zurück, dass die Intellektuellen mit Rücksicht auf die „jüdische Pressemacht" nicht ihre wahre Meinung gesagt hätten.[40] Tatsächlich dürfte ein ganz anderer Umstand ausschlaggebend gewesen sein. Singer und Klopfer waren mit dem Versuch gescheitert, eine anti-antisemitische bzw. antisemitische Position einseitig durchzusetzen. Dies ist vor allem darauf zurückzuführen, dass sich die integrationalistische Assimilation gleichzeitig gegen Juden *und* Antisemiten richten konnte – gegen die Juden, weil sie assimilationsunwillig seien, gegen die Antisemiten, weil sie die Assimilation behinderten. Die Assimilation galt für fast alle Beteiligten als alternativlos, gestritten wurde lediglich darüber, wie weit sie gehen sollte. Dieses Bild bestätigte sich in der nächsten Umfrage.

Die Intellektuellenbefragung von Hermann Bahr 1893-94

Die Umdeutung von Korruptionsskandalen in jüdische Verschwörungen wurde im späten 19. Jahrhundert zu einem Klassiker antisemitischer Agitation. Das Grundmuster hierfür lieferte die Affäre um den Bau des Panama-Kanals. In Frankreich hatte die Kanalgesellschaft Parlamentarier und Minister bestochen, um das in finanzielle Schwierigkeiten geratene Bauprojekt zu retten. Seit 1892 nutzte der Journalist Édouard Drumont

---

[39] Wolfgang Bunte, Peter Rosegger und das Judentum. Altes und Neues Testament, Antisemitismus, Judentum und Zionismus, Hildesheim 1977, S. 82, 152-173.

[40] Klopfer, Zur Judenfrage, S. 63.

die Beteiligung jüdischer Bankiers, um den Skandal in eine jüdische Verschwörung umzudeuten. Seine Zeitung *La labre Parole* erzielte auf dem Höhepunkt des Panama-Skandals eine Auflage von 200.000 Exemplaren. In Deutschland hatte sich zur selben Zeit Hermann Ahlwardt auf einen antisemitischen Enthüllungsjournalismus spezialisiert. Er deckte zahlreiche vermeintliche Skandale auf, in denen korrumpierende jüdische Kapitalisten die Hauptrolle spielten. Obwohl Ahlwardt wegen seiner haltlosen Verleumdungen als unseriöser „Radauantisemit" verschrien war, erzielte er mit seiner Agitation eine beachtliche mobilisierende Wirkung und mediale Aufmerksamkeit.[41] Die Antisemiten perfektionierten ihre Agitation, bestimmten das Meinungsklima aber nicht alleine. Anders als in den Jahrzehnten zuvor stießen sie nun auf eine organisierte zivilgesellschaftliche Gegenwehr: Die Alliance Israélite Universelle in Frankreich, den Centralverein deutscher Staatsbürger jüdischen Glaubens in Deutschland und den Verein zur Abwehr des Antisemitismus in Deutschland und Österreich.[42]

---

[41] Uwe Mai, „Wie es der Jude treibt". Das Feindbild der antisemitischen Bewegung am Beispiel der Agitation Hermann Ahlwardts, in: Ders./ Christoph Jahr/ Kathrin Roller (Hg.), Feindbilder in der deutschen Geschichte. Studien zur Vorurteilsgeschichte im 19. und 20. Jahrhundert, Berlin 1994, S. 55-80; Grégoire Kauffmann, Edouard Drumont, Paris 2008; Christoph Jahr, Antisemitismus vor Gericht. Debatten über die juristische Ahndung judenfeindlicher Agitation in Deutschland (1879-1960), Frankfurt a.M. 2011, S. 161-186; Bjoern Weigel, Panama-Skandal, in: Wolfgang Benz (Hg.), Handbuch des Antisemitismus, Bd.8, Berlin 2015, S. 261-163.

[42] Avraham Barkai, „Wehr Dich!" Der Centralverein deutscher Staatsbürger jüdischen Glaubens 1893-1938, München 2002; Auguste Zeiß-Horbach, Der Verein zur Abwehr des Antisemitismus. Zum Verhältnis von Protestantismus und Judentum im Kaiserreich und in der Weimarer Republik, Leipzig 2008; Dominique Trimbur, Alliance Israélite Universelle (Frankreich), in: Wolfgang Benz (Hg.), Handbuch des Antisemitismus, Bd.5, Berlin 2012, S. 14-16.

Über den Panama-Skandal und Ahlwardts „Enthüllungen" hatte der österreichische Journalist und Literaturkritiker Hermann Bahr (1863-1934) ausführlich für die Wiener *Deutsche Zeitung* berichtet. Dies inspirierte ihn zu einer Interviewserie über den Antisemitismus, für die er 43 Gespräche mit deutschen, französischen, belgischen, britischen, italienischen, spanischen und norwegischen Intellektuellen führte. Unter den Befragten befanden sich 40 Christen (darunter ein Konvertit) und drei Juden. Neun Teilnehmer gaben eine antisemitische, 29 eine anti-antisemitische und einer eine philosemitische Stellungnahme ab. Vier Befragte begnügten sich mit der Behauptung, dass in ihren Ländern gar kein Antisemitismus existiere. Die Interviews wurden zwischen März und September 1893 in der *Deutschen Zeitung* oder in der *Neuen Freien Presse* veröffentlicht. Theodor Herzl, damals Auslandskorrespondent in Paris, lernte Hermann Bahr während der Umfrage kennen und wirkte für die *Neue Freie Presse* mit. 1894 publizierte Bahr im Frankfurter S.-Fischer-Verlag einen Sammelband, der 38 Interviews enthielt. Bahr, der mit seiner eigenen antisemitischen Vergangenheit gebrochen hatte, betonte, dass die Befragungen nicht der Verbreitung oder der Abwehr des Antisemitismus dienten, sondern seiner Dokumentierung zu Forschungszwecken. Das Vorwort endet mit dem Satz: „Vielleicht gibt das für später einmal von der Verfassung des Geistes um 1893 ein ganz kurioses Dokument."[43]

---

[43] Hermann Bahr, Antisemitismus. Ein internationales Interview, hrsg. von Claus Pias, Weimar (2.Aufl.) 2013, S. 1. Bahr blieb allerdings nicht bei seiner anti-antisemitischen Haltung. Vgl. Konstanze Fliedl, Hermann Bahrs Stellungen zum Antisemitismus, in: Johann Lachinger (Hg.), Hermann Bahr – Mittler der europäischen Moderne, Linz 2001, S. 131-144; Werner Bergmann, Hermann Bahr, in: Wolfgang Benz (Hg.), Handbuch des Antisemitismus, Bd. 2/1, Berlin

Die Gegner des Antisemitismus – viele von ihnen Gründungsmitglieder des Vereins zur Abwehr des Antisemitismus – verurteilten die judenfeindliche Agitation als Verhetzung der politischen Kultur. Anders als noch in der Umfrage von 1885 brachten sie den Antisemitismus nicht mehr primär mit religiöser Intoleranz in Verbindung. Theodor Mommsen erkannte in ihm eine vernunftwidrige Leidenschaft des Pöbels und verglich ihn mit der Choleraepidemie, die vor wenigen Monaten in Hamburg gewütet hatte.[44] Die Reichstagsabgeordneten Theodor Barth und Heinrich Rickert vermuteten, dass Junker und Konservative den Antisemitismus nutzten, um gegen Liberalismus und Moderne zu Felde zu ziehen. Die Juden seien für sie ein „Symbol der verhassten Zeit".[45] Der Schriftsteller Friedrich Spielhagen erkannte die Ursache des Antisemitismus im Sozialneid der Christen, die mit der Bildungsbeflissenheit und dem wirtschaftlichen Erfolg der Juden nicht mithalten könnten.[46] Er legte dies am Beispiel der Studenten folgendermaßen dar: „Der jüdische Student ist pünktlich im Kolleg, nimmt die besseren Plätze und schreibt schon lange emsig mit, wenn der verdrossene Germane, der noch seinen Kater von gestern in den schweren

---

2009, S. 42-44; Ders., Der Antisemitismus – ein internationales Interview, in: Wolfgang Benz (Hg.), Handbuch des Antisemitismus, Bd. 6, Berlin 2013, S. 32-34.

[44] Bahr, Antisemitismus, S. 19-21.

[45] Ebd., S. 9-14, 59-62, hier S. 10.

[46] Ebd., S. 5-8.

Gliedern hat, endlich träge auch daher kommt, hinten auf den schlechten Bänken sitzen muß und dem Vortrag kaum zu folgen weiß."[47]

Die sozialistischen Intellektuellen, wie die Frauenrechtlerin Caroline Rémy de Guebhard und der SPD-Vorsitzende August Bebel, deuteten den Antisemitismus als einen fehlgeleiteten Antikapitalismus, der mit zunehmendem Klassenbewusstsein verschwinden werde. Mit der marxistischen Geschichtsphilosophie im Hinterkopf ließ sich der Antisemitismus als vorübergehende Protestbewegung verstehen. Mit ihm begehre das dem Untergang geweihte Kleinbürgertum gegen den industriellen Wandel auf. Der anarchistische Schriftsteller John Henry Mackay hielt ihn daher für so reaktionär, dass ihn kein vernünftiger Mensch ernst nehmen könne.[48]

Im Antisemitismus erkannten die Anti-Antisemiten übereinstimmend ein Problem der Mehrheitsgesellschaft, dem mit Aufklärungsarbeit begegnet werden müsse. Dennoch waren die meisten von ihnen der Meinung, dass der Fortbestand der jüdischen Gruppenidentität dem Abbau des Antisemitismus hinderlich sei. Ein besonders drastisches Beispiel liefert der Religionsphilosoph Moritz von Egidy, der die Juden als Opfergruppe ansprach, gleichzeitig aber dem Judentum die Selbstauflösung nahelegte. Der nationalliberale Reichstagsabgeordnete Heinrich zu Schoenaich-Carolath forderte, dass die „Eigentümlichkeiten der jüdischen Rasse" verschwinden müssten. Der Antisemitismus behindere jedoch die Assimilation, anstatt sie zu

---

[47] Ebd., S. 7f.

[48] Ebd., S. 9-14, 101-108, 65.

fördern.[49] Das spezifisch deutsche Emanzipationskonzept, das die Gleichberechtigung an die „bürgerliche Verbesserung" der Juden koppelte, kann die fehlende Empathie für die ethnische Gruppenidentität der Juden nicht hinreichend erklären. Auch die französischen Umfrageteilnehmer, wie Jules Simon, Charles Morice, Francis Magnard und Anatole Leroy-Beaulieu, machten eine unzureichende Assimilation für die Entstehung des Antisemitismus mitverantwortlich, obwohl die Juden in Frankreich bereits seit über 100 Jahren rechtlich gleichgestellt waren. Selbst der jüdische Kriminologe Cesare Lombroso, Professor in Turin, beharrte darauf, dass es nötig sei, die Assimilation zu intensivieren, um den „wahren Hebräer", der sich zurück ins Ghetto sehne, zum Verschwinden zu bringen.[50] Dagegen behaupteten die belgischen und spanischen Intellektuellen, die Assimilation sei in ihren Ländern abgeschlossen. Die britischen Intellektuellen, darunter Lord Arthur Balfour, hielten sie für unproblematisch.[51]

Die Antisemiten gaben sich in Bahrs Umfrage dadurch zu erkennen, dass sie nicht über den Antisemitismus referierten, sondern über die „Judenfrage", die sie als „soziale Frage", „Rassenfrage" oder „nationale Frage" konzipierten. Maximilian Harden, Adolf Wagner, Henri Rochefort und Gustave Paul Cluseret identifizierten die Juden mit Korruption und Manchesterkapitalismus.[52] Der Nationalökonom Gustav

---

[49] Ebd., S. 37-42, 55-58.

[50] Neue Freie Presse (Wien) 11.6.1893.

[51] Bahr, Antisemitismus, S. 119-126, 133-135, 145f, 153.

[52] Ebd., S. 29-36, 49-54, 113-118, 127-132.

Schmoller glaubte, dass das „Durcheinanderwohnen, die Mischung und Kreuzung von Rassen, welche physisch, geistig und moralisch sehr weit voneinander abstehen" für Staat und Kultur gefährlich sei. Der Biologe Ernst Haeckel erkannte weniger in der Rasse als im Kosmopolitismus der Juden eine Gefahr für den ethnisch homogenen Nationalstaat.[53] Mit Ausnahme der Fernhaltung der Ostjuden, wollten die Befragten aber keine Diskriminierungen befürworten. Vielmehr schlossen sie sich der Assimilationsforderung der Anti-Antisemiten an. Wagner konstatierte: „Totschlagen können wir sie (die Juden) ja nicht, aus dem Lande treiben auch nicht. Irgendwie müssen wir sie eben verdauen."[54] Schmoller und Haeckel forderten die Juden auf, sich vollständig mit der Mehrheitsgesellschaft zu verschmelzen. Mit dem Radauantisemitismus eines Drumont und Ahlwardt mochten sich die meisten antisemitischen Umfrageteilnehmer nicht identifizieren und leugneten gar, überhaupt Antisemiten zu sein. Was Hermann Bahr über Rhetorik, Mimik und Gestik seiner Interviewpartner aufgezeichnet hat, deutet darauf hin, dass die moderaten Antisemiten die Widersprüchlichkeit ihrer Haltung durchaus bemerkten. Sie werden als unsicher beschrieben, brauchten lange Denkpausen und reagierten aggressiv auf kritische Nachfragen.

Wovon sich die moderaten Antisemiten unbedingt absetzen wollten, zeigt Bahrs Interview mit Hermann Ahlwardt. In vulgärer Sprache legte der selbsternannte „Rektor aller Deutschen" dar, dass sich die Juden zu Herrschern über ganz Europa aufschwingen wollten. In

---

[53] Ebd., S. 23-26, 43-48, hier S. 24.

[54] Ebd., S. 53.

Wirtschaft, Politik und Presse hätten sie bereits eine Übermacht gewonnen. Mittlerweile seien alle Stände von den Juden „verpestet und corrumpiert". Als Lösung der „Judenfrage" schlug Ahlwardt die Enteignung der Juden vor, so wie man einst die geistlichen Fürsten enteignet habe.[55] Da Ahlwardt Standards bildungsbürgerlicher Rhetorik unterschritt und den Inhalt des Interviews über die *Staatsbürgerzeitung* dementieren ließ, wurde sein Beitrag nicht in den Sammelband aufgenommen.

Von allen hier diskutierten Umfragen lösten Bahrs Interviews das größte Medieninteresse aus, nicht zuletzt weil das Interview im späten 19. Jahrhundert noch eine neue und ungewöhnliche Form des journalistischen Arbeitens war.[56] Durch die Neuauflagen von 1979 und 2013 findet diese Umfrage auch heute noch ein interessiertes Laien- und Fachpublikum.

Die Intellektuellenbefragung von Julius Moses 1906-07

13 Jahre nach der Interviewserie Hermann Bahrs gab erneut die Virulenz des Antisemitismus Anlass für eine Intellektuellenbefragung. Diesmal richtete sich die internationale Aufmerksamkeit auf Osteuropa. Die von 1903 bis 1906 andauernde Pogromwelle in Russland forderte über 3.000 Todesopfer und hatte eine Massenauswanderung von Ostjuden nach Westeuropa, Palästina und in die Vereinigten Staaten zur Folge. Eine

---

[55] Ebd. S. 163-171.

[56] Neue Deutsche Rundschau 5, H1. (1894), S. 108f.

weitere Konsequenz war, dass der Zionismus einen erheblichen Bedeutungsgewinn in der öffentlichen Meinung erzielte und die Utopie vom Judenstaat zu einer ernsthaft diskutierten Option unter Juden und Christen gleichermaßen wurde.[57]

Der Arzt, Sozialreformer und Journalist Julius Moses (1868-1942) richtete vor diesem Hintergrund einen offenen Brief an 3.000 Staatsmänner und Intellektuelle aus ganz Europa, in dem er um Stellungnahmen zur „Judenfrage" bat. Wohl auf die Umfrage von Hermann Bahr anspielend, forderte Moses, nicht nur über den Antisemitismus zu sprechen. Schließlich gäbe es nicht nur für die Antisemiten, sondern auch für die Juden selbst eine „Judenfrage", bei der es darum gehe, zwischen der Assimilation und dem Erhalt des Judentums abzuwägen. Von den Umfrageteilnehmern wollte Moses wissen, ob den Juden eher die Assimilation oder eher nationaljüdische Absonderung zu empfehlen sei. Außerdem sollten sich die Beiträger dazu äußern, worin die „Judenfrage" grundsätzlich bestehe und ob es für verschiedene Länder verschiedene Lösungen geben müsse. Die eingehenden Antworten wurden sukzessive in dem von Moses herausgegebenen *General-Anzeiger für die gesamten Interessen des Judentums* abgedruckt. Die ambitionierte Umfrage litt darunter, dass nur wenige Politiker und gar keine Staatsmänner antworteten. Der 1907 erschienen Sammelband enthielt 98 Beiträge von Intellektuellen, die vorwiegend aus Süddeutschland, Berlin, Breslau, Wien und Prag stammten. Unter ihnen befanden sich 70 Christen

---

[57] Shlomo Lambroza, The pogroms of 1903-1906, in: Ders./ John D. Klier (Hg.), Pogroms. Anti-Jewish violence in modern Russian History, Cambridge 1992, S. 191-247; Michael Brenner, Geschichte des Zionismus, München (4.Aufl.) 2016, S. 51-59.

und 28 Juden. 76 sind als Anti-Antisemiten, 18 als Antisemiten einzustufen, vier lassen sich nicht eindeutig zuordnen.[58]

Angesichts des breiten assimilatorischen Konsenses in den Intellektuellenbefragungen von Singer, Klopfer und Bahr, wäre eine klare Ablehnung des Zionismus bzw. der nationaljüdischen Absonderung zu erwarten gewesen. Tatsächlich sprach sich jedoch nur noch ein gutes Drittel der Befragten für eine vollständige Integration der Juden ins Deutschtum aus. Hierzu gehörten unter anderem der SPD-Politiker Eduard Bernstein, der jüdische „Sondervertretungen" für reaktionär hielt und Thomas Mann, der in den Juden ein Element kultureller Belebung erblickte, auf das Deutschland nicht verzichten könne.[59] Der Schriftsteller Hugo Landsberger warf dem Staat und den Antisemiten vor, die Assimilation zu behindern und das Fremdheitsgefühl der Juden künstlich zu erhalten.[60] Christliche Beiträger, wie der Stuttgarter Oberbürgermeister Heinrich von Gauß, wähnten die retardierenden Momente eher auf Seiten der Juden und ermahnten sie, „allmählich in der übrigen Bevölkerung aufzugehen". Der Heidelberger Philosophieprofessor Otto Caspari empfahl, dies durch Mischehen auch in rassischer Hinsicht umzusetzen.[61] Antisemitismus und Zionismus, so der Berliner Sanitätsrat Conrad

---

[58] Astrid Blome/ Holger Böning (Hg.), Die Lösung der Judenfrage. Eine Rundfrage von Julius Moses im Jahre 1907, Bremen 2010, S. 9-36; Holger Böning, Volksarzt und Prophet des Schreckens. Julius Moses: ein jüdisches Leben in Deutschland, Bremen 2016, S. 87-104.

[59] Julius Moses, Die Lösung der Judenfrage. Eine Rundfrage, Berlin/ Leipzig 1907, S. 46-51, 242-246.

[60] Ebd., S. 55.

[61] Ebd., S. 81-86, hier S. 82.

Küster, würden durch die Nationalisierung der Juden die Assimilation hintertreiben. Sie fügten den Polen, Dänen und Franzosen zum Schaden des Reiches eine vierte nationale Minderheit hinzu.[62] Auch der Herausgeber der *Lippischen Landeszeitung* Adolf Neumann-Hofer wollte durch Angleichung Konflikte vermeiden. Die christlichen und jüdischen Religionsvorschriften müssten einander angenähert werden, wobei er Reformvorschläge des Bielefelder Rabbiners Felix Coblenz aufgriff.[63] Der guten Absicht lag die irrige Annahme zugrunde, der Hass gegen die Juden habe etwas mit ihrer tatsächlichen Fremdartigkeit zu tun.

Der integrationalistische Anspruch der Assimilationsbefürworter hatte sich im Vergleich zu den Umfragen von 1885 und 1893 verschärft. Von der Konfessionalisierung des Judentums war keine Rede mehr. Mit Ausnahme derjenigen, die sich tatsächlich im Abwehrkampf gegen den Antisemitismus engagierten, empfahlen die christlichen Intellektuellen die Bekämpfung des Judenhasses durch die Auflösung des Judentums, zur Not mittels Umzüchtung und Zwangstaufe.[64] Die von Dohm einst geforderte sozioökonomische Anpassung des Judentums verwandelte sich durch das empfohlene Patentrezept der Mischehe zunehmend in ein soziobiologisches Züchtungsexperiment.

Die teilweise absurde Zuspitzung der Assimilationsforderungen beförderte wider Willen die Attraktivität des Zionismus. Die

---

[62] Ebd., S. 145-150.

[63] Ebd., S. 260-269.

[64] Ebd., S. 116-118 (Ludwig Gurlitt), 293-198 (Theodor Kappstein), 231f. (Hermann Gunkel), 272f. (Adolf Glaser) dagegen aber 56-60 (Wilhelm Förster), 260-269 (Adolf Neumann-Hofer).

Frauenrechtlerin Henriette Fürth und der Schauspieler Rolf Wolfgang Martens brachten dem Zionismus mit Blick auf die von Pogromen bedrohten osteuropäischen Juden Sympathie entgegen, empfahlen den deutschen Juden aber, an der Assimilation festzuhalten.[65] Bei den meisten Anti-Antisemiten wie auch bei den Antisemiten hatte die Erweckung eines jüdischen Nationalbewusstseins aber auch für die deutsche „Judenfrage" Konsequenzen. 25 Umfrageteilnehmer sympathisierten mit nationaljüdischer Absonderung, darunter nur sieben zionistisch inspirierte Juden, aber 18 Christen. Weitere 37 Befragte zeigten sich unschlüssig, hielten Assimilation und Zionismus gleichermaßen für gerechtfertigt oder erkannten in keinem von beiden die Lösung der „Judenfrage". Selbst unter den Anhängern des politischen Liberalismus war die integrationalistische Assimilation nicht mehr mehrheitsfähig. Der Stuttgarter Rabbiner Theodor Kroner mochte sie nicht mehr einseitig begünstigen. Er attestierte dem Judentum eine „alle Angriffe überdauernde Lebenskraft", die sich gleichermaßen in Anpassungsfähigkeit und Absonderung äußern könne. Johann Karl Blell, linksliberaler Abgeordneter des preußischen Landtags, hielt sowohl Assimilation als auch Zionismus für gerechtfertigt, allerdings müssten sich die Juden für eines von beiden entscheiden.[66] Der linksliberale Politiker und Journalist Paul Nathan engagierte sich in der karitativen Hilfe für die russischen Pogromopfer. Obwohl er nicht dem Zionismus das Wort redete, geißelte er die Assimilation als Irrweg, weil sie die Juden zur pragmatischen Selbstverleugnung erziehe. Das Ziel könne nicht

---

[65] Ebd., S. 61-66, 123-127.

[66] Ebd., S. 42-48, 189f, hier S. 46.

41

sein, „jede Gegensätzlichkeit abzuschleifen und zu einer charakterlosen Uniformität zu gelangen". Am notorischen Fortschrittsoptimismus des Liberalismus hielt Nathan hingegen fest. Als Maßstab habe aber nicht religiöse und rassische Uniformität zu gelten, sondern die friedliche Koexistenz in einer multiethnischen Gesellschaft wie in den Vereinigten Staaten.[67] Auch der Prager Arzt Hugo Salus sah für die Juden keine Notwendigkeit, sich in Religion und Rasse der Mehrheitsgesellschaft anzupassen. Der Antisemitismus werde nicht durch zunehmende Einförmigkeit verschwinden, sondern durch zunehmende Vielfalt, die den Bedeutungsverlust von Religion und Rasse nach sich zöge.[68] Der Schriftsteller und Regisseur Hans Heinz Ewers stellte sich zwar als Kosmopolit und Gegner des radikalen Nationalismus vor, empfahl aber den Juden, den „nationalen Gedanken" aufzugreifen, da die Menschheit noch nicht bereit sei, die „Rassenkämpfe" zugunsten allgemeiner Humanität ruhen zu lassen.[69]

Auch die gemäßigten Antisemiten wandten sich vom Assimilationsdiskurs ab und schwenkten unter dem Einfluss des Zionismus auf Konzepte multiethnischer Koexistenz ein. Diese Koexistenz stellten sie sich allerdings im Unterschied zu den jüdischen wie christlichen Anti-Antisemiten nicht als Bewahrung kultureller Vielfalt vor, sondern als ein Ausscheiden der Juden aus der Mehrheitsgesellschaft. Ermöglicht wurde dieser Sinneswandel durch den

---

[67] Ebd., S. 19-27, hier S. 27.

[68] Ebd., S. 87-89.

[69] Ebd., S. 34-41.

Bedeutungsgewinn des völkischen Nationalismus, der die Loyalitätspflicht von der Gemeinschaft der Staatsbürger auf die Rassengemeinschaft verschob.[70] Der Maler und Schriftsteller Karl Felix von Schlichtegroll war der Auffassung, dass die „Judenfrage" nur durch das Verschwinden der Juden zu lösen sei. Seien die Juden nicht bereit, durch die vollständige Assimilation ihre nationalen Eigentümlichkeiten abzulegen, kämen nur der Zionismus und die Schaffung eines jüdischen Nationalstaats in Betracht.[71] Eberhard Dennert, der Leiter des Kepplerbundes, hielt die Assimilationsunfähigkeit der Juden bereits für erwiesen und plädierte für die Sammlung aller Juden in einem eigenen Staat.[72] Zu diesem Zweck müsse, so der Gymnasiallehrer und völkische Multifunktionär Paul Förster, die Vernunftehe zwischen Deutschen und Juden geschieden werden.[73] Carl Peters, Kolonialabenteurer und Gründungsmitglied des Alldeutschen Verbandes, verglich die Situation der Juden mit der Lage der Auslandsdeutschen. Letztere hätten allerdings den Vorteil, sich im Notfall auf „vier bis fünf Millionen Bajonette" verlassen zu können. Um im Zeitalter der Rassenkämpfe nicht schutzlos dazustehen, müssten sich auch die Juden einen eigenen Nationalstaat

---

[70] Uwe Puschner, Die völkische Bewegung im wilhelminischen Kaiserreich. Sprache – Rasse – Religion, Darmstadt 2001; Peter Walkenhorst, Nation – Volk – Rasse. Radikaler Nationalismus im Deutschen Kaiserreich 1890-1914, Göttingen 2007; Stefan Breuer, Die Völkischen in Deutschland. Kaiserreich und Weimarer Republik, Darmstadt 2008.

[71] Moses, Judenfrage, S. 73-80.

[72] Ebd., S. 86.

[73] Ebd., S. 282-285.

zulegen.[74] Der Wagnerianer Arthur Seidl gab an, die „Judenfrage" bei Lagarde und Chamberlain studiert zu haben. Doch, um die Juden loszuwerden, setzte er lieber auf die Zionisten als auf die Völkischen. Vor 100 Jahren hätte niemand die Lösung der deutschen Frage durch Preußen und Bismarck vorhergesagt. Auch die „Judenfrage" sei lösbar, wenn die Juden die „Unmöglichkeit endgültiger Assimilation" erkennen und sich daran machen, „ein Reich mit geordnetem Staatswesen nach echter Rasse und eigenartiger Kultur zu gründen".[75] Der völkische Dichter Börries von Münchhausen konstruierte in seinem Beitrag eine eigenartige Fusion aus Antisemitismus und Zionismus. Die deutschen Juden hätten sich der tragischen Illusion hingegeben, den Antisemitismus durch Anpassung überwinden zu können. Der Antisemitismus sei aber eine vom Verhalten der Juden unabhängige Antipathie, die jeder Nichtjude instinktiv gegenüber jedem Juden hege. Da dieser natürliche Rasseninstinkt weder überwunden werden könne noch dürfe, sollten sich auch die Juden zu ihrer Rassenidentität bekennen. Schließlich werde nur der „Assimilant" verachtet, der seine Rasse leugne oder wechseln wolle. Den Juden empfahl Börries von Münchhausen: „Bildet ein Volk im Volke gehorsam und treu den Gesetzen des jeweiligen Vaterlands, in euch gesellschaftlich geschlossen."[76] Dieser auf Segregation und Dissimilation setzende Lösungsvorschlag bewegte sich in den Umfragen von 1885, 1891 und 1893 noch weit außerhalb des legitim Sagbaren und hätte unter

---

[74] Ebd., S. 142-144, hier S. 142.

[75] Ebd., 32f.

[76] Ebd., S. 28-31, hier S. 31.

44

Antisemiten und Anti-Antisemiten gleichermaßen Entrüstung hervorgerufen.

Die radikalen Antisemiten sahen keine Notwendigkeit, auf die Erosion des Assimilationsdiskurses und die Entstehung des Zionismus zu reagieren. Der Literaturhistoriker Adolf Bartels trat als „Pogromdepp" (Kurt Tucholsky) nahtlos in die Fußstapfen Ahlwardts und stellte einen Maßnahmenkatalog zur Aufhebung der Judenemanzipation vor.[77] Bartels Aussagen wirkten zwar nach wie vor extrem und isoliert, aber nicht mehr disqualifizierend. Aufgrund der gestiegenen Bereitschaft, den Juden eine eigene nationale Identität zuzubilligen, rückten Vorstellungen über die „reinliche Scheidung" zwischen Deutschtum und Judentum ohne das Zutun der radikalen Antisemiten näher an den Meinungs-Mainstream heran.

Die Intellektuellenbefragung Arthur Landsbergers und Werner Sombarts von 1912

Für die Intellektuellenbefragungen von 1885, 1893 und 1907 boten jeweils antisemitische Agitation, Diskriminierungen und Pogrome den Anlass. Bei der Umfrage von 1912 war es ein Kommunikationsereignis. 1911 veröffentlichte der Ökonomieprofessor Werner Sombart (1863-1941) das Buch „Die Juden und das Wirtschaftsleben". In der frühen Soziologie war es üblich, die Entstehung des Kapitalismus aus religiösen

---

[77] Ebd., S. 298-301; Kurt Tucholsky, Herr Adolf Bartels, in: Die Weltbühne 12 (1922), S. 291.

Arbeitsethiken zu erklären. Max Weber untersuchte diesbezüglich den Calvinismus, Werner Sombart erklärte hingegen die Juden zu Erfindern des modernen Kapitalismus. Im Unterschied zu Weber, beließ er es nicht bei der Religionssoziologie. Sombart behauptete, die Rasseneigenschaften der Juden begünstigten ihre überlegene Stellung in der Geldwirtschaft, die aber nicht zwingend nachteilig für die „Wirtsvölker" sei. Das Buch erzeugte in der Öffentlichkeit große Verwirrung und wurde mal als judenfeindlich, mal als judenfreundlich ausgelegt. Der Streit um Sombarts Thesen und ihre korrekte Deutung beschäftigte monatelang das Feuilleton der Tageszeitungen.[78]

Um die Debatte in einem Sammelband zu bündeln, holte der jüdische Schriftsteller Arthur Landsberger (1876-1933) gemeinsam mit Werner Sombart 29 Stellungnahmen prominenter Intellektueller ein. Darunter befanden sich 22 Christen und sieben Juden. In seinem Vorwort schildert Landsberger die Rolle der Juden unter den christlichen Völkern als paradoxe Situation. Im Kapitalismus komme den Juden eine Schlüsselrolle bei der wirtschaftlichen Entwicklung zu. Zugleich strebten sie aber danach, diese Sonderstellung durch religiöse und rassische Angleichung oder nationaljüdische Isolation wieder aus der Hand zu geben. Durch die Lösung der „Judenfrage", gleich ob in assimilatorischer oder zionistischer Hinsicht, drohe der Kapitalismus seine jüdische Triebfeder zu verlieren. Daher sei die „Judenfrage" auch für die

---

[78] Friedrich Lenger, Werner Sombart 1863-1941. Eine Biographie, München 1994, S. 187-218; Ders., Werner Sombarts *Die Juden und das Wirtschaftsleben* (1911). Inhalt, Kontext und zeitgenössische Rezeption, in: Nicholas Berg (Hg.), Kapitalismusdebatten um 1900. Über antisemitisierende Semantiken des Jüdischen, Leipzig 2011, S. 239-253.

Nichtjuden eine Existenzfrage. Die Umfrageteilnehmer sollten zu dieser These Stellung beziehen und einschätzen, welche Auswirkungen die Assimilation und der Zionismus für die Juden und die Nichtjuden hätten.[79]

Werner Sombart unterschied in seinem Beitrag scharf zwischen der wissenschaftlichen Forschung und seiner Privatmeinung. Als Soziologe hielt er die Assimilation für unbedenklich. In entwickelten Volkswirtschaften tendiere der Kapitalismus zum „Büreaukratismus", weshalb der jüdische Händlergeist nicht mehr benötigt werde. Als Privatmann geißelte Sombart allerdings die Assimilation als „Artvernichtung". Sie wolle die Juden im allgemeinen Menschentum oder in der germanischen Rasse aufgehen lassen. Sombart bevorzugte die „Arterhaltung" und äußerte unverhohlene Sympathie für die „national-jüdische Bewegung". Die Juden sollten zwar nicht aus der Mehrheitsgesellschaft ausgeschlossen werden, sich aber auch nicht mit ihr vermischen. Die erwünschte Artfremdheit der Juden tangiere ihre staatsbürgerlichen Rechte nicht. Schließlich seien auch Millionen Deutsche loyale Angehörige eines fremden Staatswesens, so in Österreich-Ungarn, der Schweiz und den Vereinigten Staaten. Somit vertrat Sombart einen Multikulturalismus auf der Grundlage rassistischer Annahmen. Er bestätigte die Behauptungen der Antisemiten über die Rasseneigenschaften der Juden, zog daraus allerdings andere Schlussfolgerungen.[80]

---

[79] Arthur Landsberger, Vorwort, in: Werner Sombart (Hg.), Judentaufen, München 1912, S. 1-6.

[80] Ebd., S. 7-20.

Den deutschen Zionisten genügte Sombarts Ablehnung der Assimilation, um ihn zum Vorkämpfer ihrer Idee zu erklären. Max Nordau, neben Theodor Herzl der bedeutendste Theoretiker des Zionismus, zeigte sich in seiner Replik skeptischer und lehnte Sombarts „Rassenmystik" ab. Der Sieg des Zionismus sei für die Juden wünschenswert und ohne Nebenwirkungen für die anderen Völker.[81] Hermann Bahr, der in seiner eigenen Umfrage von 1893 die Assimilation noch als selbstverständlich vorausgesetzt hatte, hielt sie als Beiträger der Umfrage von 1912 für „unmöglich". Die Assimilation mache die Juden heimatlos und werde von der Mehrheitsgesellschaft als Bedrohung empfunden. Mit den Nationaljuden, die sich nicht anpassen wollten, sei hingegen eine fruchtbare multikulturelle Koexistenz möglich. Bahrs Schriftstellerkollege Heinrich Mann hielt die Assimilation der Juden an die autoritäre Gesellschaft des Kaiserreichs nicht für wünschenswert. Die Juden verlören dadurch die Möglichkeit, progressiv auf ihre Umwelt einzuwirken. Wenn auch die Juden Offiziere werden könnten, sei das Offizierskorps nicht mehr „judenfrei". Aber dann sei das Judentum auch nicht mehr „offiziersfrei". Der Rabbiner Siegmund Maybaum vermutete antisemitische Absichten hinter der Umfrage, da die Fragen auf eine Auslöschung des deutschen Judentums durch Assimilation oder Zionismus hinausliefen. Nach einem Briefwechsel mit Landsberger ließ er sich jedoch davon überzeugen, dass auch die Veranstalter der Umfrage die „Erhaltung der Juden in ihrer Eigenart" wünschten.[82]

---

[81] Ebd., S. 103f. Ähnlich Franz Oppenheimer, in: Ebd. S. 115-117.

[82] Ebd., S. 21f, 69, 70-73.

Ludwig Geiger überzeugte die Gegenüberstellung von Artvernichtung und Arterhaltung hingegen nicht. Der Kulturhistoriker und Funktionär des Centralvereins, wandte sich scharf gegen Landsberger und Sombart, die in ihrer Umfrage ein falsches Verständnis von Assimilation voraussetzten. Assimilation bedeute nicht, das Judentum durch Taufen und Mischehen aufzulösen. Es gehe darum, sich deutsche Kultur und Nationalität anzueignen und nicht christliche Religion und germanische Rasse: „Für eine Assimilation in der Art, dass etwa alle Juden gerade Nasen und blonde Haare haben, wird kein ernster Mann plädieren."[83] Aufgrund der Ablehnung vollständiger Vermischung stand Geigers Stellungnahme paradoxerweise Sombarts krudem Multikulturlaismus näher als den christlichen Assimilationsbefürwortern. Denn diese hielten nichts von einer graduellen Akkulturation, sondern beharrten auf einer integrationalistischen Lösung. Der Dichter Richard Dehmel plädierte für die Auflösung des Judentums durch Rassenmischung. Er sei mit gutem Beispiel vorangegangen, weil er eine Jüdin geheiratet habe. Hanns Heinz Ewers pflichtete ihm bei und revidierte seine Befürwortung des Zionismus aus der letzten Umfrage. Der Jurist Josef Kohler hielt die Juden für „eine der begabtesten Rassen", deren Eigenschaften ins Deutschtum eingezüchtet werden sollten. Ohnehin seien Mischrassen reinen Rassen evolutionär überlegen. Der Theologe Friedrich Naumann hielt dagegen, dass Taufen und Mischehen nur dann vorkämen, wenn die Assimilation bereits abgeschlossen sei.

---

[83] Ebd., S. 44-48, hier S. 45.

Dies besorge der wirtschaftliche Wandel in Form von Globalisierung und Bürokratisierung, weshalb Züchtungspläne entbehrlich seien.[84]

Die antisemitischen Umfrageteilnehmer, namentlich der Reformpädagoge Ludwig Gurlitt und der Schriftsteller Richard Nordhausen, glaubten nicht an die Assimilationswilligkeit der Juden. Beide prognostizierten eine Pogromstimmung für den Fall, dass es nicht gelänge, das Judentum durch Assimilation aufzulösen. Nordhausen wollte diesem Szenario durch die „reinliche Scheidung" und die „strenge Absonderung der Juden von den Mitbewohnern" vorbeugen.[85]

Während viele Teilnehmer der Umfrage von Julius Moses noch zwischen einer assimilatorischen und einer ethnopluralen Lösung der „Judenfrage" schwankten, klärten sich in der Umfrage von 1912 die Fronten. Die Assimilationsbefürworter behaupteten mit 13 Stellungnahmen gegen neun Befürworter nationaljüdischer „Arterhaltung" eine knappe Mehrheit. Jedoch befanden sie sich in der Defensive und konnten ihre einstige Hegemonie nicht wiederherstellen. Der gewandelten Stimmungslage verlieh auch die parallel stattfindende Kunstwart-Debatte Ausdruck, in der bereits über das vermeintliche Scheitern der Assimilation diskutiert wurde. Der Journalist Moritz Goldstein (1880-1977) hatte in einem provokanten Artikel der Kulturzeitschrift *Der Kunstwart* behauptet, die Juden würden von den Deutschen nicht als Träger ihrer Kultur akzeptiert und sollten sich daher

---

[84] Ebd., S. 23-29, 36-43, 60f, 62-68, 78-82, hier S. 64.

[85] Ebd., S. 49-52, 105-114, hier S. 110.

in eine spezifisch jüdische Kultur zurückziehen.[86] Diese Forderung griff 1913 eine in Prag gehaltene Vortragsreihe deutschsprachiger Zionisten auf, unter ihnen auch Goldstein selbst. Die Reden übernahmen völkische Argumentationsmuster und leiteten daraus das Recht der Juden ab, eine eigene Nation zu sein.[87] Solche Vorstellungen waren im deutschen Judentum noch eine unbedeutende Minderheitsmeinung. Die Zeit, in der nur Antisemiten und Anti-Antisemiten in der „Judenfrage" miteinander stritten, war allerdings vorbei. Es hatte sich eine zweite Front gebildet, die zwischen Assimilationsbefürwortern und Assimilationsgegnern verlief. Im Unterschied zur Debatte um den Antisemitismus entsprach dieser Frontverlauf nicht den politischen Lagergrenzen. Ethnoplurale Konzepte wurden von Juden und Christen, Antisemiten und Anti-Antisemiten, Zionisten, Sozialisten, Liberalen und Völkischen vertreten. Schon diese heterogene Koalition verrät, dass der ethnische Pluralismus keinen durchgehend emanzipatorischen Charakter haben konnte. Er überwand das radikale Ordnungsdenken nicht, sondern steigerte es. Die Juden wurden vor die Wahl gestellt, entweder Zugehörigkeit durch die Aufgabe von Andersartigkeit oder das Recht auf Andersartigkeit durch die Aufgabe von Zugehörigkeit zu erkaufen. Dieser unauflösbare Zielkonflikt sollte dem „Judenfrage"-Diskurs bis zur nationalsozialistischen Machtergreifung erhalten blieben.

---

[86] Moritz Goldstein, Deutsch-jüdischer Parnaß, in: Der Kunstwart 25 (1912), N.11, S. 281-294; Ferdinand Avenarius, Aussprache mit Juden, in: Ebd., N.22, S. 225-261; Thomas Gräfe, Deutsch-jüdischer Parnaß, in: Wolfgang Benz (Hg.), Handbuch des Antisemitismus, Bd.7, Berlin 2015, S. 68-70.

[87] Hans Kohn (Hg.), Vom Judentum. Ein Sammelbuch, Leipzig (2.Aufl.) 1913.

Bevorzugte „Lösungen der Judenfrage" 1885-94 (%)

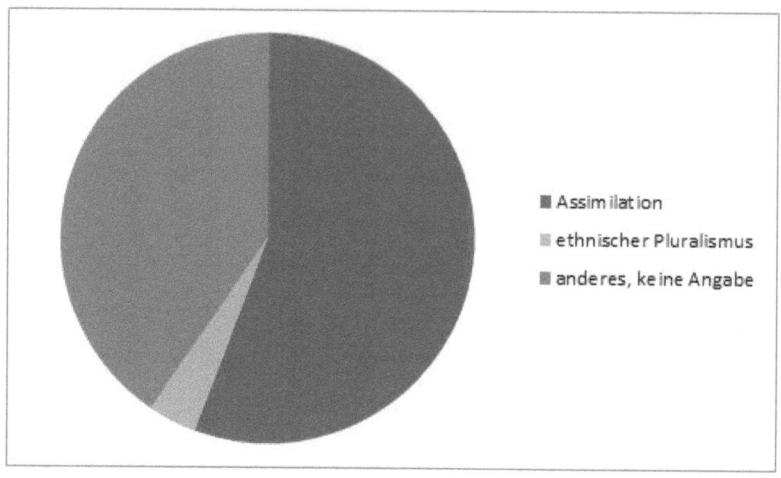

Bevorzugte „Lösungen der Judenfrage" 1907-12 (%)

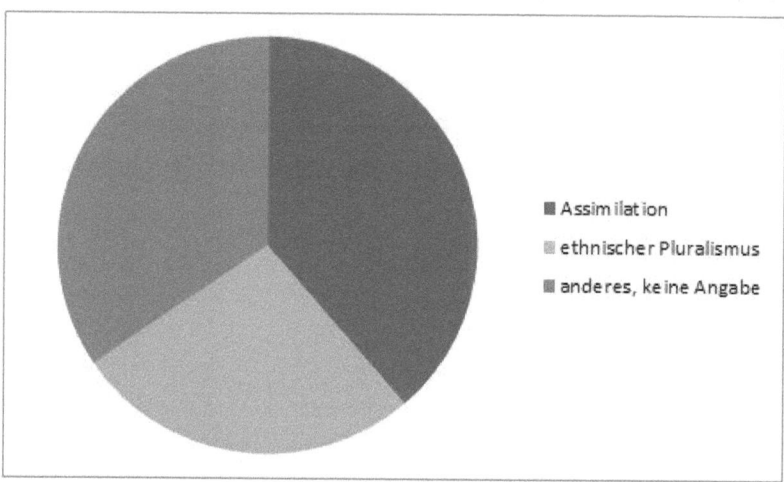

Die Intellektuellenbefragung Bruno Willes von 1920

Der Ausbruch des Ersten Weltkriegs zeigte, dass die von vielen Seiten geäußerten Zweifel am Konzept der Assimilation unbegründet waren. Kriegsbegeisterung und patriotische Opferwilligkeit waren unter den deutschen Juden nicht weniger ausgeprägt als in der übrigen Bevölkerung. Im Rahmen des Kriegseinsatzes fielen die letzten administrativen Diskriminierungen in Militär und Bürokratie. Doch mit der schwindenden Aussicht auf einen schnellen Sieg kehrte der Antisemitismus zurück. Im Oktober 1916 veranlasste das Kriegsministerium eine „Judenzählung" im Heer, um dem Vorwurf nachzugehen, die Juden würden sich vor dem Dienst an der Front drücken. Die Ergebnisse widerlegten das Vorurteil. Sie wurden aber nicht veröffentlicht, sondern den Antisemiten zugespielt, die sie nach ihren Vorstellungen manipulierten. So kann es nicht verwundern, dass die Juden 1918/19 nicht nur zum Sündenbock der Niederlage erklärt wurden, sondern man ihnen auch alle unerfreulichen Begleiterscheinungen wie Revolution, Bolschewismus, Versailler Vertrag und Inflation zur Last legte. Deutschland sei Opfer einer „jüdischen Weltverschwörung" geworden, so hieß es in Anlehnung an die von Baltendeutschen aus Russland eingeschleppten „Protokolle der Weisen von Zion". Ein wahnhafter, verschwörungstheoretischer und systemoppositioneller Antisemitismus (man sprach von der „Judenrepublik") wurde zum Konsens aller rechtsstehenden politischen Kräfte. Er war weder eine Erfindung, noch ein Alleinstellungsmerkmal der NSDAP. Neben Radikalität und Breitenwirkung nahm die Gewaltbereitschaft zu, die von spontanen Attacken über pogromartige Krawalle bis hin zum politischen Terrorismus reichte. Begünstigt wurde diese Entwicklung durch eine im

Krieg brutalisierte Jugend und einen schwachen Staat, der nicht imstande war, sein Gewaltmonopol durchzusetzen.[88] Die Gewalt bekam auch einer der Umfrageteilnehmer zu spüren. Der Journalist Maximilian Harden wurde von Mitgliedern der Organisation Consul zusammengeschlagen und starb an den Spätfolgen. Harden war als Jugendlicher vom Judentum zum Protestantismus übergetreten und hatte in der Umfrage von 1893 eine antisemitische Stellungnahme abgegeben. Für die Täter kam es aber allein auf die „Blutszugehörigkeit" an.[89] In Osteuropa war die Lage noch dramatischer. Pogrome in den Nachfolgestaaten der Habsburgermonarchie sowie der rote und weiße Terror des russischen Bürgerkriegs forderten unter den dortigen Juden 60.000 Todesopfer. Zwischen 1918 und 1920 wurde Deutschland zu einem Transitland für 200.000 ostjüdische Flüchtlinge. Obwohl nur etwa 70.000 von ihnen dauerhaft im Reich blieben, gelang es den Antisemiten, die Legende von einer Masseneinwanderung „Fremdblütiger" zu verbreiten.[90]

Unter diesen Bedingungen fand im Frühjahr 1920 die erste Intellektuellenbefragung zur Zeit der Weimarer Republik statt. Der Schriftsteller Bruno Wille (1860-1928) holte 150 Stellungnahmen ein,

---

[88] Dirk Walter, Antisemitische Kriminalität und Gewalt. Judenfeindschaft in der Weimarer Republik, Bonn 1999; Cornelia Hecht, Deutsche Juden und Antisemitismus in der Weimarer Republik, Bonn 2003; Jacob Rosenthal, „Die Ehre des jüdischen Soldaten". Die Judenzählung im Ersten Weltkrieg und ihre Folgen, Frankfurt a.M. 2007.

[89] Sabine Armbrecht, Verkannte Liebe. Maximilian Hardens Haltung zu Deutschtum und Judentum, Oldenburg 1999, S. 105-182.

[90] Gerhard Lamprecht, Juden in Zentraleuropa und die Transformationen des Antisemitismus im und nach dem Ersten Weltkrieg, in: Jahrbuch für Antisemitismusforschung 24 (2015), S. 63-88.

diesmal überwiegend von Politikern, Ministern, Bürgermeistern, Landräten und Pfarrern. Künstler und Wissenschaftler waren schwächer vertreten. Von einer weltanschaulich ausgewogenen Teilnehmerschaft, wie im Vorwort behauptet, kann nicht die Rede sein. Es wurden Intellektuelle bevorzugt, die den Parteien der Weimarer Koalition nahestanden. Um dennoch den Eindruck von Parteilichkeit zu vermeiden, wurden ausgerechnet die Juden von der Umfrage ausgeschlossen. So erhielt das Buch den peinlichen Charakter eines Leumundszeugnisses. Als Reaktion darauf veröffentlichte Albert Einstein einen Artikel, in dem er die Juden ermahnte, sich nicht durch Assimilationserfolge und christliche Solidaritätsbekundungen in falscher Sicherheit zu wiegen.[91]

Die Verbindung von Judenfeindlichkeit und Republikfeindlichkeit sorgte dafür, dass die „Judenfrage" von einem politischen Nebenkriegsschauplatz ins Zentrum des politischen Diskurses rückte. Davon zeugt das Grußwort des Reichspräsidenten Friedrich Ebert, der Bruno Willes Bemühungen um die „Volksaufklärung" lobte und sich zuversichtlich zeigte, dass der Antisemitismus zurückgedrängt werden könne.[92] Auch die meisten anderen Teilnehmer hielten den Antisemitismus für eine Übergangserscheinung: eine „Psychose der Niederlage" oder eine geistige „Erkrankung unseres Volkskörpers".[93] Der

---

[91] Bruno Wille, Deutscher Geist und Judenhaß. Ein Werk des Volkskraft-Bundes, Berlin 1920; Gangolf Hübinger, Der deutsche Antisemitismus im frühen 20. Jahrhundert, in: Ulrich A. Wien (Hg.), Judentum und Antisemitismus in Europa, Tübingen 2017, S. 223-246; Albert Einstein, Anti-Semitism. Defense through knowledge, in: Collected Papers of Albert Einstein, Bd.7: 1918-1921, S. 156f.

[92] Wille, Deutscher Geist und Judenhaß, S. 7.

[93] Ebd., S. 60f, 125.

Jurist Gerhart Bollert und der Pfarrer Emil Felden machten den Krieg und seinen unglücklichen Ausgang für eine „Verwüstung der Moral" verantwortlich. So könnten sich Wahnideen ausbreiten, die in normalen Zeiten keine Chance hätten. Der Innenminister Eduard David und der Reichstagsabgeordnete Gustav Hartmann erkannten im Antisemitismus ein Mobilisierungsinstrument der radikalen Rechten gegen die Demokratie, weshalb er „staatsgefährdend" sei. Der württembergische Landtagsabgeordnete Franz Feuerstein und der badische Staatspräsident Anton Geiss bezeichneten den Antisemitismus als eine Tarnung der „Kriegshetzer", um ihre eigene Schuld an der Niederlage anderen in die Schuhe zu schieben. Auch Heinrich Mann sprach von diesem „Ablenkungsmanöver". Die SPD-Politikerin Louise Schröder, der Journalist Wilhelm Sollmann und der Soziologe Alfred Weber sorgten sich um das Image im Ausland. Der Antisemitismus bestärke die Siegermächte, an den harten Friedensbedingungen festzuhalten. Erstmals wurde die Bekämpfung des Antisemitismus durch politische Bildung gefordert, allerdings ohne konkrete Maßnahmen vorzuschlagen.[94]

Verständlicherweise konzentrierten sich fast alle Stellungnahmen auf die Verwerfungen der Nachkriegszeit. Die Ordnung des Zusammenlebens von Mehrheit und Minderheit geriet ebenso in den Hintergrund wie die Frage nach strukturellen Ursachen des Antisemitismus. Die Deutung des Antisemitismus mit Hilfe der marxistischen Doktrin ist beispielsweise kaum noch zu beobachten. Als Regierungspartei argumentierte die SPD nun mit Staatsraison, gesellschaftlichem Zusammenhalt und sogar mit außenpolitischen

---

[94] Ebd., S. 15, 38, 52, 26, 59, 39, 48, 79, 107, 109, 126f.

Erwägungen. Auch die Abspaltung von USPD und KPD dürften hier eine Rolle gespielt haben.

Aber auch bei den Politikern der bürgerlichen Parteien sind, sofern sie nicht dem republikfeindlichen Lager angehörten, Verschiebungen zu beobachten. Der Zentrumspolitiker Matthias Erzberger gehörte zu den Initiatoren der „Judenzählung" und war während des Ersten Weltkriegs mit antisemitischen Redebeiträgen im Reichstag hervorgetreten. Doch in der Intellektuellenbefragung verurteilte er die „antisemitische Hetze" und verteidigte sogar sozialistische und zionistische Juden gegen Anfeindungen. Dieser Sinneswandel dürfte wohl darauf zurückzuführen sein, dass Erzberger als Unterzeichner des Versailler Vertrags mittlerweile selbst ins Schussfeld der extremen Rechten geraten war.[95]

Es fällt insgesamt auf, dass die im Kaiserreich noch sehr großen Unterschiede in der Wahrnehmung des Antisemitismus durch sozialdemokratische, liberale und katholische Politiker sich nun anglichen. Wer die neue Staatsform unterstützte, konnte kein Antisemit mehr sein, und wer die Republik bekämpfte, konnte sich dem Antisemitismus nicht mehr entziehen. Die scharfe Lagerzuspitzung sorgte dafür, dass die in den ersten fünf Umfragen noch sehr häufigen Mittelpositionen wie ein vorurteilsbehafteter Anti-Antisemitismus und ein moderater Antisemitismus seltener wurden. Ein weiterer Effekt war, dass erstmals in nennenswertem Ausmaß philosemitische Aussagen getätigt wurden, die den Antisemitismus aus Sympathie für die Juden ablehnten

---

[95] Ebd., S. 35f.

und dies mit positiven Judenstereotypen verbanden. Beispielsweise feierte der Berliner Pastor Francke die Juden als Träger der Aufklärung und Gegengewicht zum fehlgeleiteten deutschen Idealismus.[96] In dieser Aussage spiegelt sich nicht nur eine tiefe Unkenntnis aktueller Entwicklungen im Judentum (insbesondere den Zionismus betreffend), sondern auch eine unkritische Übernahme antisemitischer Zuordnungen, die lediglich moralisch umgewertet wurden.

Gespalten zeigten sich die Anti-Antisemiten in der Frage, wie mit den ostjüdischen Flüchtlingen umzugehen sei. Der bayerische Justizminister Ernst Müller-Meiningen behauptete, russische Juden seien maßgeblich an Novemberrevolution und Münchener Räterepublik beteiligt gewesen. Ein scharfes Vorgehen gegen die Ostjuden könnte dem Antisemitismus das Wasser abgraben und sei auch im Sinne der deutschen Juden. Der Leipziger Theologieprofessor Rudolf Kittel forderte, „wesensfremde Elemente aus dem Osten" fernzuhalten, um die Assimilation der „schon unter uns Weilenden" nicht zu behindern. Die Pfarrer Moering und Ziemer hielten dagegen, dass auch die Ostjuden assimilierbar seien. Andere Befragte erinnerten daran, dass die Deutschen nach dem verlorenen Weltkrieg mittlerweile die Pariaexistenz der Juden teilten. Ein Grund für die Pogrome in Osteuropa sei, dass man die Juden dort für Deutsche halte.[97]

Bruno Wille verband in seinem eigenen Beitrag den Kampf gegen den Antisemitismus mit der moralischen Regeneration des

---

[96] Ebd., S. 42-45.

[97] Ebd., S. 89, 69, 85f, 139.

deutschen Volkes nach dem verlorenen Weltkrieg. Träger dieser Bestrebungen sollte der von ihm selbst gegründete Volkskraft-Bund sein. Dabei setzte Wille große Hoffnungen auf die Jugend. Doch schon das hohe Durchschnittsalter der Umfrageteilnehmer macht deutlich, wie weit der Anti-Antisemitismus von der militarisierten und entbürgerlichen Lebenswelt der Jugend entfernt war. (Man denke an die unzähligen Bünde, Orden, Freikorps, Heimwehren und paramilitärischen Parteiarmeen.) Wenig hilfreich dürfte außerdem gewesen sein, dass Wille Juden und Germanen unterschiedliche Rasseneigenschaften zusprach. Die Vorstellung, unter den turbulenten Bedingungen der Nachkriegszeit Rassenfragen vorurteilsfrei diskutieren zu können, ist mehr als naiv.[98]

Die Intellektuellenbefragung wurde unter dem Titel „Deutscher Geist und Judenhaß" veröffentlicht, wohl um zu suggerieren, dass beides unvereinbar sei. Ungewollt bewies die Studie das Gegenteil. Trotz der einseitigen Auswahl der Teilnehmer schlichen sich 12 antisemitische Stellungnahmen ein – ausnahmslos von Lehrern, Universitätsprofessoren und Bischöfen. Die Breslauer Professoren Georg Kaufmann und Eduard Meyer fanden die Schuld am Antisemitismus „aufseiten des Judentums", das maßgeblich für Kriegsniederlage und Novemberrevolution verantwortlich sei. Die Bischöfe von Passau und Regensburg Sigismund Felix von Ow und Antonius von Henle stellten fest, dass sich die Juden des Kapitalismus und Bolschewismus bedienen würden, um die Herrschaft über die christlichen Völker zu erlangen. Der Antisemitismus sei berechtigte Notwehr zur Verteidigung von Rasse und Religion.[99] In

---

[98] Ebd., S. 129-135.

[99] Ebd., S. 56, 62f, 83, 94.

der Akzeptanz solcher Verschwörungstheorien, die man den auflagenstarken Pamphleten von Theodor Fritsch, Houston Stewart Chamberlain, Artur Dinter oder Paul Bang entnehmen konnte[100], dokumentiert sich die Abwendung der deutschen Bildungskultur von den Werten der Aufklärung. Der schon zur Wilhelminischen Zeit einsetzende antirationalistische Vitalismus verschärfte sich unter den Bedingungen von Kriegspropaganda und Nachkriegschaos. Vernunft, Geist, Zivilisation und Demokratie wurden als „westlich" und „jüdisch" denunziert und mit einer deutschen Kultur kontrastiert, die man als hierarchisch, ganzheitlich, naturhaft und emotional charakterisierte.[101] Wie weit diese Denkweise bis hinein in nationalliberale Kreise reichte, wird in Willes Umfrage nicht annähernd abgebildet. Der Theologe Ernst Troeltsch sprach sich in seinem Beitrag klar gegen den Antisemitismus aus. Doch wenige Monate zuvor hatte er im *Kunstwart* die Aussagen der Antisemiten zur „Vorherrschaft des Judentums" unkritisch wiedergekäut. Was Thomas Mann, der sich selbst für einen „Philosemiten" hielt, in seinem Tagebuch über die Münchener Räterepublik notierte, hätte wortgleich im *Völkischen Beobachter* abgedruckt werden können.[102] Ähnliches lässt sich für viele andere Umfrageteilnehmer nachweisen, die nicht von der kruden Weltanschauung der Antisemiten, sondern von ihren brutalen Methoden abgeschreckt wurden. So kann es nicht verwundern, dass sich die Lösungsvorschläge für die „Judenfrage" zunächst nicht in gleichem Maße

---

[100] Ebd., S. 64-66, 96f.

[101] Fritz Stern, Kulturpessimismus als politische Gefahr, Stuttgart 2005.

[102] Ernst Troeltsch, Kritische Gesamtausgabe, hrsg. von Gangolf Hübinger, Berlin 2002, Bd.14, S. 209-217, Bd.15, S. 391-395; Jacques Darmaun, Thomas Mann, Deutschland und die Juden, Tübingen 2003, S. 55, 113.

radikalisierten wie die antisemitische Vorstellungswelt. Emanzipation und Assimilation wurden zwar angezweifelt, aber nicht pauschal verworfen. Einige Antisemiten forderten die Juden auf, sich dem Kampf der radikalen Rechten gegen die Republik anzuschließen.[103] Dies war allerdings kein ernst gemeintes Angebot. Dahinter verbirgt sich eher das Bemühen, irgendwie gemäßigt zu wirken und eine Scheinlösung zu präsentieren, die nicht auf Diskriminierung und Gewalt setzte. Zur Beschwichtigungsstrategie gehörte ebenso die fadenscheinige Unterscheidung zwischen „guten" deutschen Juden und „bösen" Ostjuden, die man vereinzelt auch bei den Anti-Antisemiten findet.

In der Umfrage von Wille bildete sich die Rolle Bayerns als rechtsradikaler „Ordnungszelle" deutlich ab. Die bayerischen Intellektuellen äußerten sich durchweg negativer über die Juden als ihre Standeskollegen aus Preußen oder den norddeutschen Hansestädten.[104] Sieht man von dieser regionalen Besonderheit ab, hat der Radikalisierungs- und Verbreitungsschub des Antisemitismus zwischen 1916 und 1923 aber nicht zu einer milieuübergreifenden Universalisierung der Judenfeindlichkeit geführt. Es trat eher das Gegenteil, d.h. eine schärfere Lagerpolarisierung, ein. Zudem erschwerte die Welle der Gewalt wenigstens für die ältere Generation ein offenes Bekenntnis zum Antisemitismus. So erklärt sich möglicherweise die hohe Zahl von über 100 Absagen, die Wille zu verzeichnen hatte. An Attraktivität gewann der Antisemitismus für Gebildete aufgrund seiner

---

[103] Wille, Deutscher Geist und Judenhaß, S. 16, 68, 83, 104.

[104] Ebd., S. 56, 89, 94, 96f, 101, 138; David Clay Large, Hitlers München. Aufstieg und Fall der Hauptstadt der Bewegung, München 2018, S. 115-200.

gegenwartspolitischen Relevanz und Funktion. Für bürgerliche Republikfeinde lieferte er eine verschwörungstheoretische Antwort auf aktuelle Krisenerfahrungen. Er erklärte den Untergang eines Staatswesens, dessen geistige Elite man zu sein beanspruchte und suggerierte, dass man es durch den Kampf gegen die „Judenherrschaft" wieder werden könne.

Die Intellektuellenbefragungen Ernst Johannsens und Hermann Bahrs von 1932

Der Zusammenhang zwischen Antisemitismus und Gesellschaftskrise bestätigte sich 10 Jahre später aufs Neue. Die judenfeindliche Stimmung flaute mit der Stabilisierung der Weimarer Republik seit 1924 ab und kehrte mit der Weltwirtschaftskrise Ende der 1920er Jahre zurück. Innerhalb weniger Monate verwandelte sich die NSDAP von einer unbedeutenden völkischen Splitterpartei in eine Massenbewegung. Ihre Wahlkämpfe und Mobilisierungskampagnen waren von einer Welle antisemitischer Gewalt begleitet, die nun auch Westfalen erreichte. Ausgeübt wurden die Körperverletzungen, Sachbeschädigungen, Boykottaufrufe sowie Synagogen- und Friedhofsschändungen von HJ- und SA-Mitgliedern fast immer in Eigeninitiative und nicht auf Befehl. Wieder war die Gewalt ein Jugendphänomen. Keiner der in Westfalen ermittelten Täter war über 28 Jahre alt. Die ohnehin schwache zivilgesellschaftliche Gegenwehr wurde von oben ausgehebelt. Mit der Praxis der Notverordnungen und Präsidialkabinette sowie der rechtswidrigen Absetzung der preußischen Landesregierung ging die

Schlüsselgewalt im Reich faktisch an einen Zirkel reaktionärer Militärs und Agrarier um Paul von Hindenburg über. Sie fremdelten zwar mit dem politischen Stil der NSDAP, wussten sich im Ziel einer völkischen Diktatur aber mit ihr einig. Diese sehnte man vor allem im Bildungsbürgertum herbei, wo nun die Generation der um 1900 Geborenen den Ton angab und eine radikale Abkehr von westlichen Werten forderte. Bürgerliche Verhaltensnormen waren nicht mehr konsensfähig, sondern wurden durch Weltanschauungsgläubigkeit und paramilitärische Männlichkeit als neue Leitwerte ersetzt. Dies beraubte die Gegner des Antisemitismus der Möglichkeit, Extremismus und Gewalt zu skandalisieren.[105]

1932 wurden gleich zwei Intellektuellenbefragungen mit einer sich überschneidenden Beiträgerschaft durchgeführt. Eine kleinere legte der Hörspielautor Ernst Johannsen (1898-1977) vor, der sich dabei auf eine ältere Umfrage der konservativen *Süddeutschen Monatshefte* stützte. Die Hälfte der 12 Beiträge stammte von Personen aus dem rechtsextremen Spektrum – ein klares Indiz, wohin sich die Meinungsführerschaft verschoben hatte. Im Vorwort ist von einer „sachlichen Diskussion" die Rede. Tatsächlich fehlte es der Studie jedoch an Faktentreue und Quellenkritik. Besonders perfide ist eine

---

[105] Arnold Paucker, Der jüdische Abwehrkampf gegen Antisemitismus und Nationalsozialismus in den letzten Jahren der Weimarer Republik, Hamburg 1969; Wolfgang Benz/ Arnold Paucker/ Peter Pulzer (Hg.), Jüdisches Leben in der Weimarer Republik, Tübingen 1998; Stefan Breuer, Anatomie der Konservativen Revolution, Darmstadt (2.Aufl.) 2005; Jacob Borut, Gewalttätiger Antisemitismus im Rheinland und in Westfalten während der Weimarer Republik, in: Geschichte im Westen 22 (2007), S. 9-40; Susanne Beer, Die Abwehr des Antisemitismus im Kaiserreich und in der Weimarer Republik, in: Sozial.Geschichte Online 22 (2018), S. 11-42.

judenfeindliche Zitatensammlung aus den Werken Friedrich Nietzsches unter Weglassung aller gegenteiligen Äußerungen des Philosophen. Dieser Text wurde so eingefügt, dass er wie ein Originalbeitrag des längst toten Nietzsches wirkte.[106] Historiker begehen oft den Fehler, nur die Druckerschwärze zwischen den Buchdeckeln zu lesen, während sie übersehen, dass Bücher in Form von Gebrauchs- und Lektürespuren auch eine materielle Seite haben. Im Exemplar der Johannsen-Umfrage aus der Universitätsbibliothek Köln befindet sich eine Ausleihkarte mit Stempeln zwischen Mai 1933 und Juli 1944. Das Buch war also in der Nazizeit nicht aussortiert worden. In den Texten findet man mühsam ausradierte Bleistiftnotizen. Ein Nutzer hat hinter die Namen der Umfrageteilnehmer geschrieben, ob es sich um einen Juden oder einen Nichtjuden handelt. Diese Spuren machen deutlich, dass Johannsens Buch von den Zeitgenossen als Hilfsmittel antisemitischer Propaganda genutzt wurde.

Ein ungleich anspruchsvolleres Projekt mit einem ausgewogen zusammengesetzten Teilnehmerfeld veranstaltete erneut Hermann Bahr in Zusammenarbeit mit einem anonymen Herausgeberkollegium. Das Vorwort behauptet: „Die Judenfrage gehört unstreitig zu den bedeutendsten und brennendsten Problemen, die das deutsche Volk heute bewegen."[107] Das klingt angesichts von Weltwirtschaftskrise und Massenarbeitslosigkeit grotesk. Aber die Herausgeber verwiesen zu Recht auf die Wahlerfolge antisemitischer Parteien, zu denen sie korrekterweise

---

[106] Ernst Johannsen, Klärung. 12 Autoren und Politiker über die Judenfrage, Berlin 1932, S. 59-65.

[107] Hermann Bahr u. a., „Der Jud ist schuld...?" Diskussionsbuch über die Judenfrage, Basel 1932, S. 7.

nicht nur die NSDAP zählten. Man wolle eine „neutrale Plattform" bieten, auf der Argumente für und gegen den Antisemitismus einem unvoreingenommenen Publikum präsentiert werden sollten. Das Buch enthält 39 teilweise sehr ausführliche Stellungnahmen von 25 Christen und 13 Juden. Die Autoren eines Kollektivbeitrags der KPD blieben anonym. Schon das Inhaltsverzeichnis offenbart die extreme Polarisierung und den Verfall der Diskussionskultur. In allen bisherigen Intellektuellenbefragungen wurden die Beiträge chronologisch nach Eingangsdatum oder alphabetisch nach den Namen der Teilnehmer angeordnet, so dass der Eindruck einer lebhaften Debatte entstand. Die Umfrage von 1932 reservierte hingegen für Antisemiten, Anti-Antisemiten und „Neutrale" jeweils eigene Kapitel. Auf diese Weise wurden die 14 antisemitischen, 16 anti-antisemitischen und 9 neutralen Stellungnahmen säuberlich voneinander separiert. Da mit einer Machtbeteiligung der Nationalsozialisten in absehbarer Zukunft zu rechnen war, fand sich in Deutschland für dieses brisante Thema kein Verlag mehr, so dass man in die Schweiz ausweichen musste. Die Herausgeber ließen sich allerdings nicht einschüchtern. Sie planten die Öffnung der Umfrage über den Kreis der Intellektuellen hinaus. Die Leser wurden aufgefordert, selbst ihre Meinung zur „Judenfrage" zu Papier zu bringen und an die Redaktion zu senden. Von einer Jury ausgewählte Beiträge sollten mit 50 bis 500 Reichsmark prämiert und in einem zweiten Band veröffentlicht werden.[108] Da dieser Band nur an die

---

[108] Ebd., S. 7-9, 416; Eva Reichmann, Diskussionen über die Judenfrage 1930-1932, in: Werner E. Mosse/ Arnold Paucker (Hg.), Entscheidungsjahr 1932. Zur Judenfrage in der Endphase der Weimarer Republik, Tübingen (2.Aufl.) 1966, S. 503-531; Stefan Vogt, Vertraute Feinde. Zionisten und Konservative

Bezieher des ersten ausgeliefert werden sollte, lässt sich nicht nachvollziehen, ob er je erschienen ist. Wahrscheinlich wurde das Vorhaben nach der nationalsozialistischen Machtergreifung aufgegeben oder unterbunden.

Die Tatsache, dass nun erstmals in der deutschen Geschichte eine radikalantisemitische Massenbewegung vor den Toren der Macht stand, brachte die Befürworter der Assimilation in Erklärungsnöte. Eva Reichmann betonte für den Centralverein, dass die nationale Identität nicht an vorpolitische Kriterien wie Rasse und Religion gebunden sei. Als Staatsbürger seien die Juden bereits Deutsche.[109] Dies entsprach dem Verfassungstext, aber wohl kaum dem im Bildungsbürgertum vorherrschenden Zeitgeist, der auf das „Blutgebundene" und „Wurzelhafte" setzte. Vorstellungen über identitäre Gesinnungs-, Abstammungs- und Fortpflanzungsgemeinschaften zielten darauf ab, die Neutralität des Staates gegenüber seinen Bürgern und damit das gesamte Erbe der Aufklärung aufzukündigen.[110] Einige Juden gingen deshalb mit der Assimilationsbereitschaft weiter und hatten das Angebot, sich der radikalen Rechten gegen die Republik anzuschließen, durchaus ernst genommen. Max Naumann, Vorsitzender des Verbandes nationaldeutscher Juden, bedauerte, dass die Assimilation durch den Antisemitismus und nationaljüdische Verirrungen steckengeblieben sei.

Revolutionäre in der Weimarer Republik, in: Zeitschrift für Geschichtswissenschaft 61 (2013), S. 713-732.

[109] Süddeutsche Monatshefte 27, H.12 (1930), S. 818-824.

[110] Zur Verwandlung völkischer Konzepte in Staatsrecht vgl. Stefan Breuer, Carl Schmitt im Kontext. Intellektuellenpolitik in der Weimarer Republik, Berlin 2012.

Wenn man den Juden den „Weg zum Deutschtum" frei lasse, werde sich die „Judenfrage" von selbst lösen.[111] Dem Konzept der integrationalistischen Assimilation schlossen sich jedoch nur noch sieben weitere Befragte an. In der Umfrage von Johannsen waren es gar nur zwei. Die meisten christlichen wie jüdischen Anti-Antisemiten glaubten, dass Moritz Goldsteins Prognose über das Scheitern der Assimilation nun Wirklichkeit geworden sei. An der Bereitschaft der Juden mangele es laut Heinrich Mann nicht, doch die christlich-deutsche Leitkultur sei durch permanente Krisen in ein derartiges „Hassbedürfnis" verfallen, dass die Juden nichts von ihr zu erwarten hätten. Folglich müsse man die Leitkultur wechseln: Juden und Nichtjuden sollten sich statt ans Deutschtum ans allgemeine Menschentum assimilieren.[112]

Der Ruf nach dem Kosmopolitismus wirkte im Zeitalter der Hochblüte von Nationalismus und Rassenwahn naiv. Eine wirksame Bekämpfung des Antisemitismus versprach sich eine klare Mehrheit nun vom Zionismus. Dabei ging es nicht primär um die Auswanderung und die Gründung eines Judenstaats in Palästina, sondern eher um die Nationalisierung der Diaspora. Der Historiker Adolf Böhm, der Publizist Robert Weltsch und der Ökonom Werner Sombart behaupteten, der Zionismus stelle die Juden als „Volksindividualität neben die anderen Völker". Dadurch werde die Kernaussage des Antisemitismus ausgehebelt, die Juden würden parasitär in andere Nationen, Völker und

---

[111] Bahr u.a. (Hg.), „Der Jud ist schuld", S. 303-308; Johannsen, Klärung, S. 67-77.

[112] Bahr u.a. (Hg.), „Der Jud ist schuld", S. 293-298.

Rassen eindringen wollen.[113] Arthur Holitscher, Max Brod und Theodor Lessing, die zu den berühmtesten jüdischen Journalisten und Literaten ihrer Zeit zählten, zeigten sich diesbezüglich weniger optimistisch. In einer Welt, die sich in Nationen, Völker und Rassen scheiden wolle, bleibe den Juden keine andere Wahl als diese Scheidung mitzumachen.[114] In den Intellektuellenbefragungen von Johannsen und Bahr stößt man auf zahlreiche Teilnehmer der Prager Vortragsreihe von 1913. Der Zionismus war unter deutsch-jüdischen Intellektuellen jetzt mehrheitsfähig.

Eine andere Lösung hatten nur noch die Kommunisten zu bieten, die eine Stellungnahme des Zentralkomitees der KPD einreichten. Mit dem Antisemitismus würden sich die NSDAP und ihre reaktionären Bündnispartner einen antikapitalistischen Anstrich verpassen. Die ideologiekritische Betrachtungsweise wird allerdings durch die Behauptung relativiert, die Juden würden in der kapitalistischen Produktionsweise durch ihre Konzentration im Geld- und Warenhandel tatsächlich eine Sonderrolle spielen. Hier erinnert der Beitrag stärker an Sombart als an Marx. Wenig überraschend ist dann die Schlussfolgerung, dass die „proletarische Revolution" mit dem Kapitalismus auch die „Judenfrage" beenden würde. In der Umfrage von Johannsen ergänzte der deutsch-tschechische Kommunist Otto Heller diesen Gedanken mit einer scharfen Verurteilung des Zionismus, den er auf der Seite des Klassenfeindes verortete.[115] Damit traten ausgerechnet die Kommunisten

---

[113] Ebd., S. 249-253, 366-373, 374-392, hier S. 392

[114] Ebd., S. 313-317, 363-365, 402-412.

[115] Ebd., S. 272-286; Johannsen, Klärung, S. 79-96, hier S. 96. Vgl. auch Markus Börner/ Anja Jungfer/ Jakob Stürmann (Hg.), Judentum und Arbeiterbewegung.

in die Fußstapfen der bürgerlichen Assimilationsforderungen des 19. Jahrhunderts. Sie gaben mit der klassenlosen Gesellschaft lediglich eine neue Leitkultur vor.

Die Vorwürfe der Antisemiten gegen die Juden waren dieselben wie in den 1920er Jahren, wurden nun aber stärker rassentheoretisch unterfüttert. Außerdem wandten sich die Lösungsvorschläge für die „Judenfrage" nun endgültig von der Assimilation ab. Hatten die Antisemiten bis in die 1890er Jahre noch von den Juden verlangt, nur noch Deutsche und keine Juden mehr zu sein, so verkehrten sie diese Forderung jetzt ins Gegenteil. Der nationalkonservative Schriftsteller Ernst Jünger erklärte, die Juden dürften in Deutschland nur Juden, aber niemals Deutsche sein. Ihre rechtliche Gleichstellung sei das Relikt eines längst überwundenen Liberalismus.[116] Der Wirtschaftsexperte der NSDAP Gottfried Feder behauptete, die Judenemanzipation habe sich als „schweres Verhängnis für das deutsche Volk" erwiesen. Die Juden seien eine schädliche Rasse, die als „Parasiten am deutschen Volkskörper" ein Zersetzungswerk vollführen würde. Daher fordere die NSDAP, die Staatsangehörigkeit an die Rassenzugehörigkeit zu koppeln.[117] Ernst von Reventlow, im Kaiserreich ein umtriebiger völkischer Funktionär und inzwischen als Hinterbänkler bei der NSDAP gelandet, pflichtete dem bei. Es bestehe kein Gegensatz zwischen Juden und Christen, denn die Juden seien keine Religion, sondern eine Rasse, die „schmarotzend" unter

---

Das Ringen um die Emanzipation in der ersten Hälfte des 20. Jahrhunderts, Berlin 2018.

[116] Süddeutsche Monatshefte 27, H.12 (1930), S. 843-845.

[117] Bahr u.a. (Hg.), „Der Jud ist schuld", S. 53-68.

anderen Völkern lebe. Es sei ein fataler Fehler gewesen, die „Judenfrage"
im integrativen Sinne durch Taufe, Assimilation oder Mischehen lösen zu
wollen. Man solle sich vielmehr Gedanken machen, „wie man die
Trennung zwischen Deutschen und Juden" vollziehen könne.[118] Die
Beiträge von völkischen Publizisten wie Alfred Roth, Artur Dinter,
Wilhelm Stapel, dem Schriftsteller Ernst von Wolzogen und dem
Jugendbewegungs-Theoretiker Hans Blüher unterschieden sich weder
weltanschaulich noch sprachlich von denen der Nationalsozialisten. Auch
sie mündeten in Überlegungen, wie die „Fremdblütigen" am wirksamsten
aus der Gesellschaft auszuscheiden seien.

Die Behauptung, man könne sich auf „neue Ergebnisse der
Rassenkunde"[119] stützen, steht im auffälligen Kontrast zur Abwesenheit
einer natur- und humanwissenschaftlichen Argumentation. Wie schon in
allen vorigen Umfragen zeigten sich Geisteswissenschaftler ungleich
anfälliger für den Rassenantisemitismus als Naturwissenschaftler. Ein
markanter Wandel ist nur in der Radikalität zu beobachten. Der
Antisemitismus setzte sich nicht mehr aus einzelnen Vorurteilen
zusammen, sondern trat nun durchgängig als ganzheitliche und
sinnstiftende Weltanschauung in Erscheinung, die alle Vorgänge in
Geschichte und Gegenwart auf einen apokalyptischen Rassenkampf
zwischen „Deutschen" und „Juden" reduzierte. Exzessive Pöbeleien
sowie rassenbasierte Segregations- und Diskriminierungsforderungen
beschränkten sich in den älteren Umfragen auf einzelne Radauantisemiten

---

[118] Ebd., S. 13-39; Johannsen, Klärung, S. 187-205.

[119] Bahr u.a. (Hg.), „Der Jud ist schuld", S. 51, 8.

70

wie Hermann Ahlwardt und Adolf Bartels. 1932 bewegten sich ausnahmslos alle antisemitischen Intellektuellen auf diesem Niveau. Weder für eine Verwissenschaftlichung des Antisemitismus noch für die Unterscheidung zwischen einem „Antisemitismus des Gefühls" und einem „Antisemitismus der Vernunft" liefern die Umfragen von 1932 belastbare Indizien. Die historische Forschung sollte diese zeitgenössischen Selbsteinschätzungen der Antisemiten als solche erkennen, anstatt sie sich unkritisch als analytische Kategorien anzueignen.[120] Beobachten lässt sich die Strategie, mit rassentheoretisch grundierten Aussagen Wissenschaftlichkeit zu simulieren, aber gleichzeitig wissenschaftliche Standards durch den Import romantischer und lebensphilosophischer Konzepte aufzuweichen. An den antisemitischen Umfragebeiträgen erkennt man sehr deutlich, dass totalitäre Welt- und Menschenbilder keineswegs aus der wissenschafts-immanenten Logik der ethikentleerten Natur- und Humanwissenschaften quasi automatisch erwuchsen, sondern sich aus der Aufladung dieser Disziplinen mit einer völkischen Ethik und Weltanschauung ergaben.[121]

---

[120] Vgl. die drei Beiträge zur Emotionsgeschichte des Antisemitismus, in: Geschichte und Gesellschaft 39 (2013), S. 413-526. Dort fehlt die klare Unterscheidung zwischen dem Selbstbild der Antisemiten, das durchaus rational und wissenschaftlich sein konnte, und ihren Werken, die diesem Anspruch nie gerecht wurden.

[121] Christian Jansen, Völkische und rassistische Tendenzen in den deutschen Wissenschaften 1900-1940, in: Jan Erik Schulte (Hg.), Die SS, Himmler und die Wewelsburg, Paderborn 2008, S. 141-160. Nicht überzeugend in der Abgrenzung von Wissenschaft und Weltanschauung: Michael Fahlbusch/ Ingo Haar/ Alexander Pinwinkler (Hg.), Handbuch der völkischen Wissenschaften. Akteure, Netzwerke, Forschungsprogramme, Bd.1, Berlin (2. Aufl.) 2017, S. V-XVIII.

Alle Versuche, dem völkischen Antisemitismus auf seinem eigenen soziobiologischen Terrain zu begegnen, gerieten jetzt in die Gefahr, selbst ins Völkische abzugleiten, da die radikale Rechte mittlerweile den Rassendiskurs nach Belieben dominierte und eine multikulturelle Option des Ethnopluralismus völlig weltfremd erschien. So tappten viele „Neutrale" und Anti-Antisemiten in die Falle eines ethnisierten Denkens, das keine Gegenargumente mehr lieferte. Das gilt zum Beispiel für Franz Schauwecker, Ludwig Ferdinand Clauß und Werner Sombart, die auf eine Andersartigkeit der Juden abhoben, aber ihre Minderwertigkeit bzw. Schädlichkeit bestritten. Der Diplomat Heinrich Coudenhove-Kalergi versuchte, die Antisemiten mit kühnen Vergleichen zwischen Antisemitismus und „Deutschenhass" zu beschämen.[122] Für Völkische und Nationalsozialisten war auch Andersartigkeit ein hinreichender Grund zur Ausgrenzung. Der „Deutschenhass" war in ihren Augen ein Werk der Juden. Die clevere Strategie der Zionisten, dem Antisemitismus die Spitze zu nehmen, indem man seine nationalistische und rassistische Logik übernahm, blieb wirkungslos. Im Gegenteil, die Zionisten wurden als Kronzeugen für die Berechtigung der antisemitischen Ausgrenzungsforderungen angeführt. Wenn die Juden schon selbst einsähen, keine Deutschen zu sein, warum solle man ihnen dann noch Bürgerrechte gewähren?[123] Alle Wege des Ethnopluralismus mündeten in den Umfragen von 1932, ob beabsichtigt oder nicht, in der völkischen Sackgasse.

---

[122] Bahr u.a. (Hg.), „Der Jud ist schuld", S. 231-237, 238-246, 249-253, 299-302.

[123] Johannsen, Klärung, S. 123; Bahr u.a. (Hg.), „Der Jud ist schuld", S. 164f.

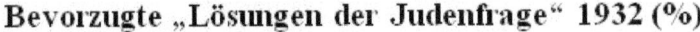

Bevorzugte „Lösungen der Judenfrage" 1932 (%)

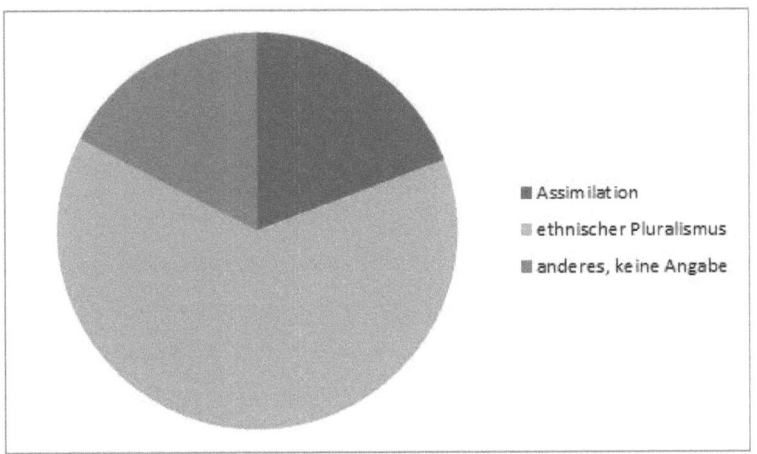

- Assimilation
- ethnischer Pluralismus
- anderes, keine Angabe

Im gleichgeschalteten Dritten Reich war eine ergebnisoffene Diskussion über die „Judenfrage" nicht mehr erwünscht. Sie verlagerte sich nun in die Exilliteratur und wandelte sich zunehmend in eine Analyse und Kritik des Antisemitismus – was ja in den 1880/90er Jahren einst der Ausgangspunkt gewesen war.[124] Da literarische Ausformungen oder soziologische und psychologische Theoriebildung im Vordergrund standen, wurde allenfalls sporadisch auf die Intellektuellenbefragungen zurückgegriffen. Paradoxerweise entfalteten sie für die Nationalsozialisten einen höheren Quellenwert als für ihre Gegner. Die Umfragen wurden im Rahmen der Juden- und Gegnerforschung ausgewertet, um vermeintliche jüdische Unterwanderungsstrategien ausfindig zu machen und „Judenfreunde" zu diffamieren.

---

[124] Ernst Loewy (Hg.), Literarische und politische Texte aus dem deutschen Exil 1933-1945, Bd.1, Frankfurt a.M. 1981, S. 256-303.

Fazit: Von der integrationalistischen Assimilation zum ethnischen Pluralismus

Die wahnhafte Hysterie und weltanschauliche Verstocktheit, mit der zur Weimarer Zeit die „Judenfrage" diskutiert wurde, zeichnet sich in den ersten fünf Umfragen noch nicht ab. Die von Isidor Singer, Carl Klopfer, Hermann Bahr, Julius Moses und Werner Sombart zur Zeit des Kaiserreichs veröffentlichten Intellektuellenbefragungen zeigen ein äußerst vielfältiges Meinungsbild. Selbst die vermeintlich einfache Unterscheidung von Antisemitismus und Anti-Antisemitismus wird zuweilen unscharf. Lagermarkierend wirkte vor allem die mit viel Polemik verbundene Abgrenzung gegensätzlicher Werthaltungen. Betrachtet man aber, was über die Juden gesagt wurde und welche Erwartungshaltung man an sie richtete, ergibt sich ein differenzierteres Bild. Zum einen waren beide Lager intern in moderate und radikale Positionen gespalten, und die Aussagen der Protagonisten waren nicht immer frei von Widersprüchen. Weder zeigten sich alle Anti-Antisemiten gegenüber den Juden als vorurteilsfrei, noch wollten alle Antisemiten die staatsbürgerlichen Rechte der Juden einschränken. Zum anderen lassen die hier untersuchten Intellektuellenbefragungen klar erkennen, dass es Grundpositionen in der „Judenfrage" gab, auf die sich Anti-Antisemiten und moderate Antisemiten gleichermaßen verpflichteten. In den Umfragen von 1885 und 1893 stimmten sie in der Zielvorstellung der integrationalistischen Assimilation überein. Diese beinhaltete zwar nicht mehr die Taufe, wohl aber die Erwartung, dass sich die ethnische Gruppenidentität der Juden mit der Zeit auflösen müsse. Nationaljüdische Absonderung wurde, auch von den jüdischen Umfrageteilnehmern, als illegitime Reaktion auf den Antisemitismus abgelehnt. Aber die

74

integrationalistische Assimilation erzwang auch von den Antisemiten ein Zugeständnis. Judenfeindliche Vorurteile waren im bildungsbürgerlichen Diskurs weitgehend akzeptiert, die Infragestellung von Emanzipation und Assimilation hingegen nicht. Wer für Fremdenrecht und Dissimilation plädierte, musste damit rechnen als unbürgerlicher Radauantisemit nicht ernst genommen zu werden. Daher konnten die Teilnehmer der antisemitischen Gegenumfrage Carl Klopfers zwar judenfeindliche Ressentiments schüren, aber keine Alternativen zur Lösung der „Judenfrage" benennen.

Völlig anders stellt sich die Situation in den Umfragen von 1907 und 1912 dar. Die Entstehung des Zionismus und der Bedeutungsgewinn des völkischen Nationalismus verschoben die Fronten in der „Judenfrage" zuungunsten des Liberalismus. Die Assimilationsbefürworter gerieten in die Defensive. Nun sprachen sich nicht nur die radikalen Antisemiten, sondern auch viele Anti-Antisemiten und gemäßigte Antisemiten gegen das Aufgehen der Juden in der Mehrheitsgesellschaft aus. Trotz völlig konträrer Intentionen verbanden das ethnische Nationsverständnis und die Ablehnung der Assimilation Zionisten und Völkische zu einer ungewöhnlichen Wahlverwandtschaft.[125] Sie verstanden es zudem gleichermaßen geschickt, ihren Ideen, die in der Gesamtgesellschaft nicht mehrheitsfähig waren, im Bildungsbürgertum über die eigenen Reihen hinaus Gehör zu verschaffen. Viele Anti-Antisemiten und moderate Antisemiten ersetzten die Assimilationsforderung durch einen ethnischen Pluralismus. Die jüdischen und anti-antisemitischen Teilnehmer legten ihn als Multikulturalismus aus und verwiesen manchmal explizit auf die

---

[125] Vogt, Subalterne Positionierungen, S. 41-112, 431-442.

Vereinigten Staaten als Vorbild. Der Zionismus wurde, in Bezug auf die deutschen Juden, insofern für akzeptabel gehalten als er sich auf die Kräftigung nationaljüdischer Identität beschränkte. Es ging um das Recht, in Deutschland ohne Assimilationsdruck Jude zu sein, nicht um die Auswanderung nach Palästina. Mehrheitsfähig war diese Position noch nicht, sie fand aber in den Umfragen überraschend viele christliche Fürsprecher. Die Zulassung eines Mehr an kultureller Eigenständigkeit hatte eine fatale Nebenwirkung. Die Gegner des Antisemitismus waren zunehmend bereit, die Behauptung der Fremd- und Andersartigkeit der Juden hinzunehmen, anstatt sie als Konstrukt der Antisemiten zu entlarven. Den Antisemiten spielte die Wende zum ethnischen Pluralismus, gerade weil sie diese nicht allein vertraten, in die Karten. Die Nichtzugehörigkeit der Juden zu Volk und Nation sowie die Forderung nach der Dissimilation konnten nun artikuliert werden, ohne den eigenen bildungsbürgerlichen Status aufs Spiel zu setzen. Im besten Falle blieb für die Juden noch die Rolle als Gastvolk oder als edle Fremde.

Diese Entwicklung ist gewiss auf die Konjunktur von Nationalismus und Rassismus zur Wilhelminischen Zeit zurückzuführen. Doch die Umfragen zeigen, dass nicht alle nationalistischen und rassistischen Aussagen zwangsläufig mit dem Antisemitismus verbunden waren. Die Juden wurden nicht etwa angefeindet, weil sie in der Diaspora lebten, keine territoriale Nation waren und daher aus der nationalen Ordnung der Welt herausfielen.[126] Der Ausschluss aus der deutschen

---

[126] So Klaus Holz, Nationaler Antisemitismus. Wissenssoziologie einer Weltanschauung, Hamburg 2001, S. 540-552. Die populäre These der Nationalismusforschung, die Juden seien als eine „Nicht-Nation" angefeindet worden, wird schon durch den Blick auf die Landkarte Ostmitteleuropas

Nation erfolgte gerade dadurch, dass die Antisemiten den Juden, ganz so wie den Polen, einen eigenen Nationsstatus zuschrieben. Wurde die Existenz der Juden als „Nation in der Nation" in den Umfragen von 1885 und 1893 noch als Zeichen der Assimilationsunwilligkeit verteufelt, so galt sie den Antisemiten in den Umfragen von 1907 und 1912 als erwünscht. Wer die Juden nicht als eigene Nation konzipierte, konnte den Nationalismus sogar noch in der Umfrage von 1920 *gegen* den Antisemitismus in Stellung bringen, da er die Volksgemeinschaft spalte.[127] Allerdings ging diese Argumentation zu Lasten der Ostjuden, die als unerwünschte Ausländer ausgeschlossen blieben.

Auch die Fusion von Rassismus und Antisemitismus[128] war keineswegs universell, sondern lässt sich nur für die völkischen Intellektuellen ohne Abstriche bestätigen. Rassentheoretische Annahmen waren in allen Lagern präsent und wurden auch gegen den Antisemitismus und für eine assimilatorische, zionistische oder multikulturelle Lösung der „Judenfrage" ins Feld geführt. Man denke an die Diskussion, ob das Judentum durch Mischehen aufzulösen sei oder durch deren Vermeidung als „Rasse" erhalten werden solle. Diese soziobiologische Betrachtungsweise kam zwar ohne Antisemitismus aus,

---

widerlegt. Dort gab es viele Nationen ohne Staat und ohne ethnisch homogenes Siedlungsgebiet. Die jüdische Diaspora war nicht in dem Maße eine Sondererscheinung wie Klaus Holz suggeriert – nicht einmal in der Wahrnehmung der Antisemiten.

[127] Wille, Deutscher Geist und Judenhaß, S. 29.

[128] Christian Geulen, Wahlverwandte. Rassendiskurs und Nationalismus im späten 19. Jahrhundert, Hamburg 2004, S. 196-215; Ders., Rassentheorien, in: Wolfgang Benz (Hg.), Handbuch des Antisemitismus, Bd. 3, Berlin 2010, S. 276-278.

war allerdings eine schwere Hypothek für all jene, die Assimilation als graduelle Akkulturation auffassten. Die antisemitische Durchdringung von Nationalismus und Rassismus ist erst mit der weltanschaulichen Radikalisierung und politischen Polarisierung in der Weimarer Republik voll zum Tragen gekommen. Erst jetzt wurde die „Judenfrage" von einer Angelegenheit des kulturellen und wissenschaftlichen Räsonierens zu einem echten Politikum. Dies lässt sich nicht nur am Diskurs selbst ablesen, sondern auch am steigenden Anteil der Politfunktionäre unter den Umfrageteilnehmern.

Die Zuspitzung der „Judenfrage" lasten einige Historiker dem Versagen der Gegner des Antisemitismus an. Die Sozialisten hätten nur einen ideologisch motivierten Abwehrkampf geführt, sich aber nicht mit den Juden solidarisiert.[129] Diese Kritik muss vom Kopf auf die Füße gestellt werden. Gerade der Philosemitismus, der in den Umfragen sehr selten vorkam, erwies sich als eine inadäquate Antwort auf den Antisemitismus, weil er lediglich ein negatives durch ein positives Vorurteil ersetzte. Der ideologiekritische Ansatz der Sozialisten vollzog dagegen entscheidende Schritte von einer apologetischen zu einer wissenschaftlichen Betrachtungsweise, auch wenn er in seinen Analysen und Prognosen irrte. Andere Historiker nehmen den deutschen Liberalismus ins Visier. Er habe durch hochgeschraubte Assimilationserwartungen und die Unfähigkeit, jüdische Andersartigkeit neben der protestantischen Leitkultur zu tolerieren, wider Willen den

---

[129] Lars Fischer, Anti-Philosemitism and Anti-Antisemitism in Imperial Germany, in: Jonathan Karp/ Adam Sutcliffe (Hg.), Philosemitism in history, Cambridge 2011, S. 170-189.

Antisemitismus gefördert.[130] Diese These zieht ihre Plausibilität vor allem aus dem Berliner Antisemitismusstreit Anfang der 1880er Jahre und übersieht die hegemonialen Verschiebungen zugunsten des ethnischen Pluralismus zur Wilhelminischen Zeit. Folglich müsste eher die Frage gestellt werden, ob nicht gerade die Preisgabe der Assimilation einer Radikalisierung des Antisemitismus den Weg geebnet hat. Der ethnische Pluralismus machte es den Antisemiten jedenfalls deutlich einfacher, die Juden aus der Nationsgemeinschaft auszuschließen als der bis in die 1890er Jahre hinein dominante Assimilationsdiskurs. Auch förderte er die völlige Verkennung der tatsächlichen Verhältnisse. Viele Indikatoren (u.a. die Zunahme der Mischehen) deuten darauf hin, dass die integrationalistische Assimilation in den 1920-30er Jahren überhaupt erst einsetzte, als sie unter den Intellektuellen bereits massiv an Rückhalt eingebüßt hatte.[131]

Die negativen Folgen zeigten sich in der Weimarer Republik, als das Zusammenleben von Juden und Nichtjuden erstmals von radikalantisemitischen Massenbewegungen grundsätzlich infrage gestellt wurde. Die Umfrage von Bruno Wille versuchte, dies mit einer einseitigen Auswahl der Teilnehmer zu kaschieren. Nur so konnte noch

---

[130] Hans-Joachim Salecker, Der Liberalismus und die Erfahrung der Differenz. Über die Bedingungen der Integration der Juden in Deutschland, Berlin 1999; Uffa Jensen, Integrationalismus, Konversion und jüdische Differenz. Das Problem des Antisemitismus in der liberalen Öffentlichkeit des 19. Jahrhunderts, in: Angelika Schaser/ Stefanie Schüler-Springorum (Hg.), Liberalismus und Emanzipation. In- und Exklusionsprozesse im Kaiserreich und in der Weimarer Republik, Stuttgart 2010, S. 55-71; Andreas Reinke, Der deutsche Liberalismus und die „Judenfrage", in: Hettling (Hg.), Die „Judenfrage", S. 54-84.

[131] Kerstin Meiring, Die christlich- jüdische Mischehe in Deutschland 1840-1933, Hamburg 1998.

einmal der Gleichklang von Anti-Antisemitismus und Assimilation künstlich wiederbelebt werden. Die beiden Umfragen von 1932 bestätigten hingegen eindrucksvoll den Trend zur ethnopluralistischen Segregation. Ein um Respektabilität bemühter moderater Antisemitismus, den es 1920 durchaus noch gab, ist in diesen Umfragen nicht mehr vertreten. Bürgerlichkeit war kein statusgenerierender Leitwert mehr, an dem sich auch Antisemiten orientierten, sondern galt nun selbst als „jüdisch". Diskriminierung und Gewaltfantasien ließen sich daher nicht mehr als „unbürgerlich" tabuisieren. Assimilationsforderungen an die Adresse der Juden wurden von den Antisemiten gar nicht mehr und von den Anti-Antisemiten kaum noch artikuliert. Die Lösung der „Judenfrage" durch Assimilation war mittlerweile eine exotische Position, während fast alle Teilnehmer die Nichtzugehörigkeit der Juden zum Deutschtum für eine unhinterfragbare Tatsache hielten.

Epilog: Tiere können nicht sprechen

Mit der nationalsozialistischen Machtergreifung und Gleichschaltung war die „Judenfrage" entschieden. Der Antisemitismus avancierte vom Propagandainstrument der „Kampfzeit" zur Staatsraison im Dritten Reich. Zusammen mit Volksgemeinschafts- und Lebensraumideologie bildete er das Kernstück nationalsozialistischer Politik.[132] Dies bekamen einige der Umfrageveranstalter sehr unmittelbar zu spüren. Werner Sombart gehörte

---

[132] Wolfram Meyer zu Uptrup, Kampf gegen die „jüdische Weltverschwörung". Propaganda und Antisemitismus der Nationalsozialisten 1919 bis 1945, Berlin 2003; Saul Friedländer, Das Dritte Reich und die Juden, München 2017.

zu den Gewinnern des Systemwechsels von 1933. Die Nationalsozialisten beriefen ihn in die Preußische Akademie der Wissenschaften, und er dankte es ihnen mit der Unterzeichnung eines Loyalitätsbekenntnisses. Sombarts rassentheoretische Aussagen über die Juden passten ins Weltbild der Nationalsozialisten. Sein Engagement für den Zionismus übersahen sie großzügig. Arthur Landsberger, der 1912 gemeinsam mit Sombart eine Intellektuellenbefragung durchgeführt hatte, zählte nicht nur aufgrund seiner jüdischen Herkunft zu den Verlierern. Er hatte 1925 einen dystopischen Roman geschrieben, in dem er die Machtergreifung einer antisemitischen Partei und die Vertreibung der Juden aus Berlin schilderte.[133] Als die Dystopie Wirklichkeit wurde, beging Landsberger auf der Flucht vor der Gestapo Selbstmord. Julius Moses, Veranstalter der Umfrage von 1907, starb 1942 im Konzentrationslager Theresienstadt. Moritz Goldstein entkam der Verfolgung über Italien in die USA. Dort publizierte er weiterhin über die deutsch-jüdische Kultur. Obwohl ihm die Geschichte Recht gegeben hatte, relativierte er seine Thesen über das notwendige Scheitern der Assimilation, die ungewollt den Antisemiten in die Hände gespielt hätten.[134] Paradoxerweise musste auch Ernst Johannsen emigrieren, obwohl er mit seiner stark rechtslastigen Umfrage den Nationalsozialisten Propagandamaterial geliefert hatte. Er war mit einer Jüdin verheiratet und wanderte nach dem Erlass der Nürnberger Gesetze mit seiner Familie nach London aus.

---

[133] Arthur Landsberger, Berlin ohne Juden, Hannover 1925.

[134] Moritz Goldstein, German Jewry's Dilemma. The story of a provocative Essay, in: Leo Baeck Institute Year Book 2 (1957), S. 236-254; Moritz Goldstein, Berliner Jahre. Erinnerungen 1880-1933, München 1977.

Hermann Bahr befasste sich auch in seinem literarischen Werk mit den Themen Judentum und Antisemitismus. Sein Roman „Die Rotte Korahs" (1919) schildert die Geschichte eines Antisemiten, der zum Judentum konvertiert, um eine Erbschaft annehmen zu können.[135] Die Zeit, in der amüsante Spitzfindigkeiten der Romanliteratur Auswirkungen auf politische Weltanschauungen haben konnten, war allerdings vorbei. Hermann Bahr übersiedelte 1922 nach München und erlebte dort den Aufstieg der Nationalsozialisten. Er starb 1934. Aufgrund seiner beiden Umfragen kann man Hermann Bahr, obwohl er sich selbst nie als Wissenschaftler verstand, den ersten empirisch arbeitenden Antisemitismusforscher der Weltgeschichte nennen. Viele bahnbrechende Erkenntnisse über den modernen Antisemitismus sind nicht erst mit der Akademisierung der Antisemitismusforschung durch die „Frankfurter Schule" um Adorno und Horkheimer in den 1940er Jahren zu Tage gefördert worden, sondern waren schon vor dem Holocaust Teil der gesellschaftspolitischen Debatte. Dies gilt sogar für die Einsicht, dass echte Aufklärung nicht bedeutet, Vorurteile inhaltlich zu widerlegen, sondern die sozialpsychologische Pathologie ihrer Träger aufzudecken.[136] Die aktuelle Auseinandersetzung mit dem Rechtspopulismus ist leider weit hinter dieses intellektuelle Niveau zurückgefallen und gibt sich der Illusion hin, Rassisten durch Moralappelle, Diskussionen oder

---

[135] Hermann Bahr, Die Rotte Korahs, Berlin 1919; Ritchie Robertson, The Jewish Question in German Literature 1749-1939. Emancipation and its Discontents, Oxford 1999, S. 151-232.

[136] Klaus Holz/ Jan Weyand, Von der Judenfrage zur Antisemitenfrage. Frühe Erklärungsmodelle von Antisemitismus, in: Hahn/ Kistenmacher (Hg.), Beschreibungsversuche, S. 172-188; Birgit Erdle/ Werner Konitzer (Hg.), Theorien über Judenhass – Eine Denkgeschichte, Frankfurt a.M. 2015.

Anbiederung für die Demokratie zurückgewinnen zu können. In den Umfragen findet man diesen naiven missionarischen Eifer eher selten. Aufklärung diente im Verständnis der Umfrageteilnehmer dazu, Antisemiten zu bekämpfen, nicht zu bekehren. Wenn Einzelne (z.B. Hermann Bahr, Hellmut von Gerlach, Heinrich Mann) im Laufe ihres Lebens von Anhängern zu Gegnern des Antisemitismus wurden, war das kein Verdienst anti-antisemitischer Überzeugungsarbeit, sondern das Ergebnis eines politischen Richtungswechsels von rechts nach links.[137]

Für die historisch-politische Bildung halten die Intellektuellenbefragungen eine ermutigende und eine ernüchternde Botschaft bereit. Die Debatte um die „Judenfrage" war nicht von vornherein auf Diskriminierung ausgerichtet. Seit der Wilhelminischen Zeit bewegten sich die „Lösungsvorschläge" im Spannungsfeld von Assimilation und ethnischem Pluralismus, ganz so wie es heute in den Einwanderungsgesellschaften des 21. Jahrhunderts der Fall ist. Beide Konzepte konnten eine Tendenz ins Illiberale entwickeln. Doch es gab keinen antisemitischen Konsens im deutschen Bildungsbürgertum, obwohl diese gesellschaftliche Schicht bei der Entstehung und Verbreitung des Antisemitismus eine besonders unrühmliche Rolle spielte. Viele christliche und jüdische Intellektuelle stellten sich dem Antisemitismus mit einem breit gestreuten Argumentationsarsenal ethischer, wissenschaftlicher und politisch-ideologischer Einwände

---

[137] Hellmut von Gerlach, Von rechts nach links, hrsg. von Emil Ludwig, Zürich 1937.

entgegen. Ihr Engagement ist im heutigen Geschichtsbewusstsein leider nicht so präsent wie es sein sollte.[138]

Die ernüchternde Botschaft ist ihre Erfolglosigkeit. Gewiss waren die Gegner des Antisemitismus von den fundamentalen Gesellschaftskrisen seit dem Ausbruch des Ersten Weltkriegs überfordert. Doch es standen ihnen auch bildungsbürgerlicher Standesdünkel und fehlende Selbstkritik im Weg. Hermann Bahr, Thomas Mann und viele andere Schriftsteller gebrauchten gerne die Metapher, der Antisemitismus sei „der Morphinismus der kleinen Leute", und selbst die linken Intellektuellen sprachen von einem „Sozialismus des dummen Kerls".[139] Man tat so, als sei der Antisemitismus ein Problem unterbürgerlicher Schichten und dichtete der Bildung eine immunisierende Wirkung an. Diese ist jedoch nicht einmal bei Hermann Bahr und Thomas Mann selbst zu entdecken, die trotz ihres Engagements gegen den Antisemitismus nichts dabei fanden, in ihren literarischen Werken und Tagebüchern judenfeindliche Klischees auszubreiten.[140]

---

[138] Erschwerend kommt hinzu, dass viele Historiker die anti-antisemitische Gegenwehr bewusst ignorieren oder sie mittels einer „Hermeneutik des Verdachts" entwerten. Als prominentestes Beispiel Daniel Goldhagen, Hitlers willige Vollstrecker. Ganz gewöhnliche Deutsche und der Holocaust, Berlin (9.Aufl.) 1996. Ähnlich auch Fischer, The Socialist Response; Aly, Warum die Deutschen; Robert Wistrich, From Ambivalence to Betrayl. The Left, the Jews, and Israel. Lincoln 2012.

[139] Bahr, Antisemitismus, S. 1, 16; Moses, Judenfrage, S. 242-246. Das Zitat vom „Sozialismus des dummen Kerls" stammt aber nicht, wie oft fälschlich behauptet, von August Bebel.

[140] Fliedl, Hermann Bahrs Stellungen zum Antisemitismus, S. 131-144; Darmaun, Thomas Mann, S. 237-310.

Die Antisemiten gingen mit ihren Verschwörungstheorien und ihrem esoterischen Rassismus gewiss weit darüber hinaus. Doch sie verstanden es, seit der Wilhelminischen Zeit im Windschatten boomender ethnopluralistischer Konzepte die Grenzen des Sagbaren so zu verschieben, dass sie ihr Wahn nicht mehr als Intellektuelle disqualifizierte. Wer glaubt, Bildung könne etwas gegen radikale Weltanschauungen ausrichten, wird von den Intellektuellenbefragungen gründlich widerlegt. Vielmehr kann Extremismus selbst das Ergebnis einer falschen Bildung sein. Die eingangs angeführten Zitate Wolfgang Meyer-Michaels und Theodor W. Adornos verfolgen hier, im Gegensatz zu Thomas Manns Exkulpation der humanistisch-idealistischen Bildung, die richtige Fährte. Die „exzentrische Barbarei" der Völkischen ergab sich nicht aus Unbildung, sondern aus einem Wertewandel innerhalb der deutschen Bildungskultur. Das Erbe der Aufklärung wurde durch einen antirationalistischen Vitalismus verdrängt, der mit seiner „imaginierten Natürlichkeit" den ethnisch homogenen soziobiologischen Volkskörper zum Letztwert machte. Diese geistesgeschichtliche Entwicklung erlaubte es dem primitivsten Chauvinismus, sich als tiefsinnige Philosophie zu tarnen und insbesondere in der „Judenfrage" den Wahn zum Normalzustand zu erheben.[141] Es fehlte nicht am Wissen über Judentum und Antisemitismus, sondern an der Fähigkeit, in Krisenzeiten dem Willen zum Hass zu widerstehen – auch und gerade im Bildungsbürgertum.

---

[141] Thomas Mann, Deutsche Ansprache, Berlin 1930, S. 17. Zur Vereinbarkeit von Antisemitismus und deutscher Bildungskultur vgl. Wolfgang Martynkewicz, Salon Deutschland, Berlin 2009; Per Leo, Der Wille zum Wesen, Berlin 2013, S. 332-473; Julian Köck, „Die Geschichte hat immer Recht", Frankfurt a.M. 2015; Vordermayer, Bildungsbürgertum, S. 409-422.

Isidor Singer, Hermann Bahr, Julius Moses, Werner Sombart, Arthur Landsberger, Bruno Wille (von links oben nach rechts unten, Quelle: wikipedia).

Glossar

Deprivationserfahrungen (S.1): Verlusterfahrungen in materieller wie ideeller Hinsicht

projektiv (S.1): Als Projektion bezeichnet man in der Psychologie die Abspaltung negativer Eigenschaften des eigenen Selbst und ihre Übertragung auf andere Personen oder Gruppen. In der Vorurteilsforschung hat die Kenntnis dieses sozialpsychologischen Mechanismus ältere gruppensoziologische Annahmen abgelöst, die Vorurteile als eine Reaktion auf Handlungen der stigmatisierten Fremdgruppe oder als Ergebnis eines Mangels an Wissen und Empathie deuteten. Vorurteile sind demnach ausschließlich durch ihre selbstaufwertende Funktion für den Vorurteilsbehafteten erklärbar. Aufklärung und Bildung bleiben strukturell wirkungslos, sofern sie diese Funktion nicht aushebeln. Es gibt allerdings auch berechtigte Einwände gegen diese Theorie, da sie den Zusammenhang von Vorurteil und Gruppendynamik unterschätzt.

Diskurs (S.2ff.): Abfolge von Aussagen zu einem Thema

Hermeneutik (S.6): Textauslegung

radikaler Konstruktivismus (S.7): Der radikale Konstruktivismus bestreitet die Existenz einer wahrnehmungsunabhängigen Wirklichkeit. Demnach existiert historische Realität nicht a priori, sondern ausschließlich als sprachliches Konstrukt. In der Geschichtswissenschaft liefert der radikale Konstruktivismus die theoretischen Grundlagen der

„neuen Kulturgeschichte", hat sich in der Gesamtdisziplin aber nicht durchgesetzt.

transzendieren (S.7): überschreiten, hier Übergang vom Tatsächlichen zum Erwünschten

Dissimilation (S.10): Rückgängigmachen von Assimilationsprozessen durch Abgrenzung zu oder Ausgrenzung aus der Mehrheitsgesellschaft

Aporien (S.11): Widersprüche

noios (S.14): lärmend

Emanzipation (S.15f.): rechtliche Gleichstellung. Als Selbstemanzipation auch sozialer Aufstieg.

Dreyfus-Affäre (S.19): Der Hauptmann Alfred Dreyfus wurde 1894 aufgrund fragwürdiger Beweise und Gutachten wegen Spionage für das Deutsche Reich verurteilt. Verdächtig machte ihn in erster Linie seine Herkunft als Jude aus dem Elsass. Der Fall spaltete die französische Gesellschaft. Einerseits rief er eine Flut antisemitischer Agitation und Gewalt hervor, andererseits stärkte er den Anti-Antisemitismus in republikanischen und sozialistischen Kreisen. Dreyfus wurde 1906 rehabilitiert.

Coppola-Streit (S.19): Der Journalist Francesco Coppola veröffentlichte 1911 in der Zeitschrift *L'Idea Nazionale* einen antisemitischen Beitrag. Dieser löste unter italienischen Nationalisten einen Streit über die Berechtigung des Antisemitismus aus sowie über die Frage, ob die neuen rechtsnationalistischen Bewegungen Frankreichs und Deutschlands für Italien vorbildlich sein sollten.

Marconi-Skandal (S.19): 1912-13 gerieten Mitglieder der britischen Regierung in Verdacht, sich durch Insiderwissen über die Marconi Company bereichert zu haben. Die Presseberichterstattung über den Skandal wurde von den Journalisten Leopold Maxse, Gilbert Chesterton und Hillaire Belloc stark antisemitisch eingefärbt.

Prekariat (S.23): Soziale Gruppe, deren Erwerbstätigkeit sich durch materiell ungesicherte Lebensverhältnisse auszeichnet. Im Unterschied zur Unterschicht umfasst das Prekariat auch Personen mit einem hohen Bildungsstand.

Ultramontanismus (S.26): romzentrierter und papsttreuer Katholizismus

Kosmopolitismus (S.36): Weltbürgertum

Organisation Consul (S.54): 1920 bis 1922 rechtsterroristischer Ableger der Marinebrigade Erhardt. Verantwortlich u.a. für die Morde an Matthias Erzberger und Walther Rathenau sowie die Anschläge auf Philipp Scheidemann und Maximilian Harden. Mit den Nationalsozialisten teilte die OC den radikalen Rassenantisemitismus, war ansonsten aber eher konservativ geprägt. Nach ihrer Zerschlagung füllte die OC die Reihen von SA und SS auf. Einige ihrer Mitglieder blieben in Opposition zu Hitler und schlossen sich in den 1940er Jahren dem Widerstand an. Die Taten der OC wurden bis in die Bundesrepublik hinein von dem Schriftsteller Ernst von Salomon, der selbst an Anschlägen und Attentaten beteiligt war, verherrlicht.

antirationalistischer Vitalismus (S.60): Im Rahmen der völkischen Bewegung und Konservativen Revolution entwickelte Bestrebung, das vernunftgeleitete Denken der Aufklärung als lebensfremden Intellektualismus zu verwerfen. An seine Stelle trat eine Mischung aus Lebensphilosophie und Soziobiologie, die zwar in der Regel mit wissenschaftlichem Anspruch auftrat, gleichzeitig aber wissenschaftliche Standards aushöhlte. Da der antirationalistische Vitalismus an eine weit verbreitete Zivilisations- und Modernisierungskritik andocken konnte, stieß er auch außerhalb rechtsextremer Kreise sowie in vielen wissenschaftlichen Disziplinen (insb. Psychologie und Pädagogik) auf eine starke Resonanz.

Dystopie (S.81): pessimistisches Zukunftsszenario, Gegenteil von Utopie

Frankfurter Schule (S.82): Eine Gruppe von Philosophen, Soziologen und Psychologen aus dem Umfeld des 1924 gegründeten Frankfurter Instituts für Sozialforschung, das nach 1933 an der Columbia University weitergeführt wurde und 1951 nach Frankfurt zurückkehrte. Die Frankfurter Schule begründete die „Kritische Theorie" als Synthese aus marxistischer Gesellschaftstheorie und Freudscher Psychoanalyse. Mit den „Studies in Prejudice" legte eine Forschergruppe um Theodor W. Adorno und Max Horkheimer in den 1940er Jahren die Grundlage für eine interdisziplinäre Antisemitismus- und Vorurteilsforschung.

Pathologie (S.82): hier krankhafte Normabweichung

Exkulpation (S.85): Freispruch

Arthur Landsberger gewidmete Stele auf dem Gelände der Gedenkstätte Topographie des Terrors. (links) Julius Moses gewidmeter „Stolperstein" in Berlin-Moabit. (unten) Quelle: Fotos im Besitz des Autors.

Danksagung

Der Text entspricht weitgehend einem Vortrag, der im November 2018 vor der Mendel-Grundmann-Gesellschaft in Vlotho gehalten wurde. Ich danke Ralf Steiner und den anderen Vorstandsmitgliedern für die Einladung. Dieser Vortrag setzt sich wiederum aus zwei Einzelvorträgen zusammen. Die Umfragen aus der Zeit des Kaiserreichs wurden im November 2016 im Kolloquium des Zentrums für Antisemitismusforschung an der TU Berlin präsentiert. Dafür Dank an Stefanie Schüler-Springorum, Markus Funk, Werner Bergmann und Ulrich Wyrwa. Die Umfragen aus der Zeit der Weimarer Republik wurden im September 2017 an der Westfälischen Wilhelms-Universität Münster im Rahmen einer studentischen Arbeitsgemeinschaft zur deutsch-jüdischen Geschichte vorgestellt, die sich mittlerweile leider aufgelöst hat. Die Forschungsergebnisse zu den älteren Umfragen wurden im Jahrbuch für Antisemitismusforschung und im Jahrbuch für Kommunikationsgeschichte veröffentlicht. (siehe Literaturverzeichnis) Für Interesse und Kommentare zu diesen und anderen Publikationen danke ich James Retallack, Peter Pulzer, Uwe Puschner, Gangolf Hübinger, Till van Rahden, Werner Bergmann, Ulrich Wyrwa, Wolfgang Benz, Peter Bürger und Marco Huggerle. Mit Ausnahme der beiden Umfragen von 1932 können alle Intellektuellenbefragungen über die digitalisierte Freimann-Sammlung der Universitätsbibliothek Frankfurt a.M. eingesehen werden und stehen dort als Download bereit.

Die Intellektuellenbefragungen in chronologischer Reihenfolge

Singer, Isidor, Briefe berühmter christlicher Zeitgenossen über die Judenfrage, Wien 1885.

Klopfer, Carl, Zur Judenfrage. Zeitgenössische Originalaussprüche, München 1891.

Bahr, Hermann, Antisemitismus. Ein internationales Interview (1894), hrsg. von Claus Pias, Weimar (2.Aufl.) 2013.

Moses, Julius, Die Lösung der Judenfrage. Eine Rundfrage, Berlin/ Leipzig 1907.

Sombart, Werner (Hg.), Judentaufen, München 1912.

Wille, Bruno, Deutscher Geist und Judenhaß. Ein Werk des Volkskraft-Bundes, Berlin 1920.

Johannsen, Ernst, Klärung. 12 Autoren und Politiker über die Judenfrage, Berlin 1932.

Bahr, Hermann u. a., „Der Jud ist schuld…?" Diskussionsbuch über die Judenfrage, Basel 1932.

Literatur

Ahlheim, Klaus (Hg.), Die Gewalt des Vorurteils. Eine Textsammlung, Schwalbach 2007.

Aly, Götz, Warum die Deutschen? Warum die Juden? Gleichheit, Neid und Rassenhass 1800-1933, Frankfurt a.M. 2011.

Barkai, Avraham, „Wehr Dich!" Der Centralverein deutscher Staatsbürger jüdischen Glaubens 1893-1938, München 2002.

Beer, Susanne, Die Abwehr des Antisemitismus im Kaiserreich und in der Weimarer Republik, in: Sozial.Geschichte Online 22 (2018), S. 11-42.

Benz, Wolfgang/ Paucker, Arnold/ Pulzer, Peter (Hg.), Jüdisches Leben in der Weimarer Republik, Tübingen 1998.

Bergmann, Werner/ Wyrwa, Ulrich, Antisemitismus in Zentraleuropa. Deutschland, Österreich und die Schweiz vom 18. Jahrhundert bis zur Gegenwart, Darmstadt 2011.

Bergmann, Werner, Hermann Bahr, in: Wolfgang Benz (Hg.), Handbuch des Antisemitismus, Bd. 2/1, Berlin 2009, S. 42-44.

Bergmann, Werner, Der Antisemitismus – ein internationales Interview, in: Wolfgang Benz (Hg.), Handbuch des Antisemitismus, Bd. 6, Berlin 2013, S. 32-34.

Blaschke, Olaf, Katholizismus und Antisemitismus im deutschen Kaiserreich, Göttingen 1997.

Blome, Astrid/ Böning, Holger (Hg.), Die Lösung der Judenfrage. Eine Rundfrage von Julius Moses im Jahre 1907, Bremen 2010.

Böning, Holger, Volksarzt und Prophet des Schreckens. Julius Moses: ein jüdisches Leben in Deutschland, Bremen 2016.

Börner, Markus/ Jungfer, Anja/ Stürmann, Jakob (Hg.), Judentum und Arbeiterbewegung. Das Ringen um die Emanzipation in der ersten Hälfte des 20. Jahrhunderts, Berlin 2018.

Borut, Jacob, Gewalttätiger Antisemitismus im Rheinland und in Westfalten während der Weimarer Republik, in: Geschichte im Westen 22 (2007), S. 9-40.

Breuer, Stefan, Die Völkischen in Deutschland. Kaiserreich und Weimarer Republik, Darmstadt 2008.

Charle, Christophe, Vordenker der Moderne. Die Intellektuellen im 19. Jahrhundert, Frankfurt a.M. (2.Aufl.) 2001.

Diekmann, Irene A./ Kotowski, Elke-Vera (Hg.), Geliebter Feind – gehasster Freund. Antisemitismus und Philosemitismus in Geschichte und Gegenwart, Berlin 2009.

Erdle, Birgit/ Konitzer, Werner (Hg.), Theorien über Judenhass – Eine Denkgeschichte, Frankfurt a.M. 2015.

Fischer, Lars, The Socialist Response to Antisemitism in Imperial Germany, Cambridge 2007.

Fischer, Lars, Anti-Philosemitism and Anti-Antisemitism in Imperial Germany, in: Jonathan Karp/ Adam Sutcliffe (Hg.), Philosemitism in history, Cambridge 2011, S. 170-189.

Fliedl, Konstanze, Hermann Bahrs Stellungen zum Antisemitismus, in: Johann Lachinger (Hg.), Hermann Bahr – Mittler der europäischen Moderne, Linz 2001, S. 131-144.

Frankl, Michal, „Prag ist nunmehr antisemitisch". Tschechischer Antisemitismus am Ende des 19. Jahrhunderts, Berlin 2011.

Geulen, Christian, Wahlverwandte. Rassendiskurs und Nationalismus im späten 19. Jahrhundert, Hamburg 2004.

Gilcher-Holtey, Ingrid, Eingreifendes Denken. Die Wirkungschancen von Intellektuellen, Weilerswist 2007.

Gräfe, Thomas, Deutsch-jüdischer Parnaß, in: Wolfgang Benz (Hg.), Handbuch des Antisemitismus, Bd.7, Berlin 2015, S. 68-70.

Gräfe, Thomas, Der Hegemonieverlust des Liberalismus. Die „Judenfrage" im Spiegel der Intellektuellenbefragungen 1885-1912, in: Jahrbuch für Antisemitismusforschung 25 (2016), S. 73-100.

Gräfe, Thomas, Die Antisemitismusumfrage Hermann Bahrs unter europäischen Intellektuellen 1893/94, in: Jahrbuch für Kommunikationsgeschichte 19 (2017), S. 35-76.

Hahn, Hans-Joachim/ Kistenmacher, Olaf (Hg.), Beschreibungsversuche der Judenfeindschaft. Zur Geschichte der Antisemitismusforschung vor 1944, Berlin 2015.

Hecht, Cornelia, Deutsche Juden und Antisemitismus in der Weimarer Republik, Bonn 2003.

Heinrichs, Wolfgang E., Das Judenbild im Protestantismus des deutschen Kaiserreichs. Ein Beitrag zur Mentalitätsgeschichte des deutschen Bürgertums in der Krise der Moderne, Köln 2000.

Holz, Klaus, Nationaler Antisemitismus. Wissenssoziologie einer Weltanschauung, Hamburg 2001.

Hübinger, Gangolf, Die politischen Rollen europäischer Intellektueller, in: Ders./ Thomas Hersfelder (Hg.), Kritik und Mandat. Intellektuelle in der deutschen Politik, Stuttgart 2000, S. 30-44.

Hübinger, Gangolf, Gelehrte, Politik und Öffentlichkeit. Eine Intellektuellengeschichte, Göttingen 2006.

Hübinger, Gangolf, Der deutsche Antisemitismus im frühen 20. Jahrhundert, in: Ulrich A. Wien (Hg.), Judentum und Antisemitismus in Europa, Tübingen 2017, S. 223-246.

Jahr, Christoph, Antisemitismus vor Gericht. Debatten über die juristische Ahndung judenfeindlicher Agitation in Deutschland (1879-1960), Frankfurt a.M. 2011.

Jensen, Uffa, Gebildete Doppelgänger. Bürgerliche Juden und Protestanten im 19. Jahrhundert, Göttingen 2005.

Jensen, Uffa, Integrationalismus, Konversion und jüdische Differenz. Das Problem des Antisemitismus in der liberalen Öffentlichkeit des 19. Jahrhunderts, in: Angelika Schaser/ Stefanie Schüler-Springorum (Hg.), Liberalismus und Emanzipation. In- und Exklusionsprozesse im Kaiserreich und in der Weimarer Republik, Stuttgart 2010, S. 55-71.

Kampe, Norbert, Studenten und „Judenfrage" im deutschen Kaiserreich. Die Entstehung einer akademischen Trägerschicht des Antisemitismus, Göttingen 1988.

Kauffmann, Grégoire, Edouard Drumont, Paris 2008.

Lambroza, Shlomo, The pogroms of 1903-1906, in: Ders./ John D. Klier (Hg.), Pogroms. Anti-Jewish violence in modern Russian History, Cambridge 1992, S. 191-247.

Lamprecht, Gerhard, Juden in Zentraleuropa und die Transformationen des Antisemitismus im und nach dem Ersten Weltkrieg, in: Jahrbuch für Antisemitismusforschung 24 (2015), S. 63-88.

Large, David Clay, Hitlers München. Aufstieg und Fall der Hauptstadt der Bewegung, München 2018.

Lenger, Friedrich, Werner Sombart 1863-1941. Eine Biographie, München 1994.

Lenger, Friedrich, Werner Sombarts *Die Juden und das Wirtschaftsleben* (1911). Inhalt, Kontext und zeitgenössische Rezeption, in: Nicholas Berg (Hg.), Kapitalismusdebatten um 1900. Über antisemitisierende Semantiken des Jüdischen, Leipzig 2011, S. 239-253.

Leo, Per, Der Wille zum Wesen. Weltanschauungskultur, charakterologisches Denken und Judenfeindschaft in Deutschland 1890-1940, Berlin 2013.

Mai, Uwe, „Wie es der Jude treibt". Das Feindbild der antisemitischen Bewegung am Beispiel der Agitation Hermann Ahlwardts, in: Ders./ Christoph Jahr/ Kathrin Roller (Hg.), Feindbilder in der deutschen Geschichte. Studien zur Vorurteilsgeschichte im 19. und 20. Jahrhundert, Berlin 1994, S. 55-80.

Martynkewicz, Wolfgang, Salon Deutschland. Geist und Macht 1900-1945, Berlin 2009.

Meiring, Kerstin, Die christlich- jüdische Mischehe in Deutschland 1840-1933, Hamburg 1998.

Meyer zu Uptrup, Wolfram, Kampf gegen die „jüdische Weltverschwörung". Propaganda und Antisemitismus der Nationalsozialisten 1919 bis 1945, Berlin 2003.

Miron, Guy, Emancipation and Assimilation in the German-Jewish Discourse of the 1930s, in: Leo Baeck Institute Yearbook 48 (2003), S. 165-189.

Paucker, Arnold, Der jüdische Abwehrkampf gegen Antisemitismus und Nationalsozialismus in den letzten Jahren der Weimarer Republik, Hamburg 1969.

Pulzer, Peter, Die Entstehung des politischen Antisemitismus in Deutschland und Österreich 1867-1914. Mit einem Forschungsbericht des Autors, Göttingen 2004.

Purschwitz, Anne, Von der „bürgerlichen Verbesserung" zur „Judenfrage". Die Formierung eines Begriffs zwischen 1781 und 1843, in: Manfred Hettling (Hg.), Die „Judenfrage" – ein europäisches Phänomen? Berlin 2013, S. 23-53.

Purschwitz, Anne, Jude oder preußischer Bürger? Die Emanzipationsdebatte im Spannungsfeld von Regierungspolitik, Religion, Bürgerlichkeit und Öffentlichkeit (1780-1847), Göttingen 2018.

Puschner, Uwe, Die völkische Bewegung im wilhelminischen Kaiserreich. Sprache – Rasse – Religion, Darmstadt 2001.

Rahden, Till van, Juden und andere Breslauer. Die Beziehungen zwischen Juden, Protestanten und Katholiken in einer deutschen Großstadt 1860-1925, Göttingen 2000.

Rahden, Till van, Verrat, Schicksal oder Chance. Lesarten des Assimilationsbegriffs in der Historiographie zur Geschichte der deutschen Juden, in: Historische Anthropologie 13 (2005), 245-264.

Reichmann, Eva, Diskussionen über die Judenfrage 1930-1932, in: Werner E. Mosse/ Arnold Paucker (Hg.), Entscheidungsjahr 1932. Zur Judenfrage in der Endphase der Weimarer Republik, Tübingen (2.Aufl.) 1966, S. 503-531.

Reinke, Andreas, Der deutsche Liberalismus und die „Judenfrage", in: Manfred Hettling (Hg.), Die „Judenfrage" – ein europäisches Phänomen? Berlin 2013, S. 54-84.

Robertson, Ritchie, The Jewish Question in German Literature 1749-1939. Emancipation and its Discontents, Oxford 1999.

Rosenthal, Jacob, „Die Ehre des jüdischen Soldaten". Die Judenzählung im Ersten Weltkrieg und ihre Folgen, Frankfurt a.M. 2007.

Salecker, Hans-Joachim, Der Liberalismus und die Erfahrung der Differenz. Über die Bedingungen der Integration der Juden in Deutschland, Berlin 1999.

Spicker, Friedemann, Wer hat zu entscheiden, wohin ich gehöre? Die deutsch-jüdische Aphoristik, Göttingen 2017.

Stern, Fritz, Kulturpessimismus als politische Gefahr. Eine Analyse nationaler Ideologie in Deutschland, Stuttgart 2005.

Vogt, Stefan, Vertraute Feinde. Zionisten und Konservative Revolutionäre in der Weimarer Republik, in: Zeitschrift für Geschichtswissenschaft 61 (2013), S. 713-732.

Vogt, Stefan, Subalterne Positionierungen. Der deutsche Zionismus im Feld des Nationalismus in Deutschland 1890-1933, Göttingen 2016.

Volkov, Shulamit, Antisemitism as a Cultural Code. Reflections on the History and Historiography of Antisemitism in Imperial Germany, in: Leo Baeck Institute Yearbook 23 (1978), S. 25-46.

Volkov, Shulamit, Assimilation und jüdische Eigenart im Deutschen Kaiserreich, in: Geschichte und Gesellschaft 9 (1983), S. 331-348.

Vordermayer, Thomas, Bildungsbürgertum und völkische Ideologie. Konstitution und gesellschaftliche Tiefenwirkung eines Netzwerks völkischer Autoren (1919-1959), Berlin 2016.

Walkenhorst, Peter, Nation – Volk – Rasse. Radikaler Nationalismus im Deutschen Kaiserreich 1890-1914, Göttingen 2007.

Walter, Dirk, Antisemitische Kriminalität und Gewalt. Judenfeindschaft in der Weimarer Republik, Bonn 1999.

Wehler, Hans-Ulrich, Deutsche Gesellschaftsgeschichte, Bde. 3-4, München 1995/ 2003.

Weigel, Bjoern, Panama-Skandal, in: Wolfgang Benz (Hg.), Handbuch des Antisemitismus, Bd.8, Berlin 2015, S. 261-163.

Wyrwa, Ulrich, Gesellschaftliche Konfliktfelder und die Entstehung des modernen Antisemitismus. Das deutsche Kaiserreich und das liberale Italien im Vergleich, Berlin 2015.

Zeiß-Horbach, Auguste, Der Verein zur Abwehr des Antisemitismus. Zum Verhältnis von Protestantismus und Judentum im Kaiserreich und in der Weimarer Republik, Leipzig 2008.